U0149094

眼睛裡有毒

劉立雲著

詩 藝 叢 刊
文史哲出版社印行

國家圖書館出版品預行編目資料

眼睛裡有毒 / 劉立雲著.-- 初版 -- 臺北市：
文史哲, 民 105.11
頁;　公分（詩藝叢刊；4）
ISBN 978-986-314-343-7（平裝）

851.486　　　　　　　　　　　105022145

詩　藝　叢　刊　　4

眼　睛　裡　有　毒

著　　者：劉　　　　立　　　　雲
出　版　者：文　史　哲　出　版　社
http://www.lapen.com.tw
e-mail：lapen@ms74.hinet.net
登記證字號：行政院新聞局版臺業字五三三七號
發　行　人：彭　　　　正　　　　雄
發　行　所：文　史　哲　出　版　社
印　刷　者：文　史　哲　出　版　社
臺北市羅斯福路一段七十二巷四號
郵政劃撥帳號：一六一八○一七五
電話886-2-23511028・傳真886-2-23965656

定價新臺幣二四○元

2016 年（民一○五）十一月初版

眼睛裡有毒

目　次

作者簡介：

　　劉立云，屬馬，西元 1954 年 12 月生於江西省井岡山市。西元 1982 年畢業於江西大學（現南昌大學）哲學系。歷任文學期刊編輯、編輯部主任、主編。現任《詩刊》主編助理（特邀）。出版詩集《紅色沼澤》《黑罌粟》《沿火焰上升》《向天堂的蝴蝶》《烤藍》《生命中最美的部分》；長篇紀實小說《瞳人》，長篇紀實文學《血滿弓刀》《莫斯科落日》等十餘部。曾獲《詩刊》"2008 年度全國優秀詩人"獎、《人民文學》優秀作品獎。詩集《烤藍》獲第五屆魯迅文學獎。

我看見一頭鯨

一頭鯨。它龐大的身軀蟄伏在我們的視線之外
與海底休眠的火山和沉積的火山灰
混為一談。現在它是海淵的一部分
海溝和海床的一部分
兩邊腮大幅度張開。現在它是巨大的無

大師總這樣遁於無形。它那麼沉著和謙卑
懂得必須慢，必須像日月星辰那樣
把自己控制在運行的軌道
之中。而當它上升
當它某一天浮出水面，一座大海就將溢出來

2016 年 2 月 8 日　北京

眼睛裡有毒

無需更多，詩歌只需要一行
我就能看見你的骨頭
這沒有辦法
我也不知道我為什麼會長出這樣一雙眼睛
不知道為什麼眼睛裡有毒

多年前我在垃圾上爬坡
在白天展開的紙張上
獨自看見黑
大師們喝令我退下
我說不！我的雙腳不是用來退下的
我的思想也是
他們又說，那你就站著吧
那就讀著，寫著，寂寞著
等待在某一天莊嚴地凋謝

凋謝有那麼可怕，有那麼恐怖嗎？
你知道那年我從南方歸來

見過碑石輝煌
當著青草、綠樹和盛大的落日

我也發現我比以前更聰明瞭
因為我在等待凋謝
等待吞盡生活裏的那些毒，就像一條蛇
自我盤起來，吞食自己的尾巴

2011、11、29　平安裏

你好，喜悅

微風拂動著垂落在寬大窗口的白色紗簾
年輕時的朋友們在客廳裏
走來走去，興奮地談論著孟加拉虎
屋外黯淡的磚牆開始
斑駁，一種叫爬山虎的植物正奮力地向上攀爬
吸吮著三月的雨水
陽光，和泡桐花散發出來的淡淡香味

我是這座房子的主人，那些年輕朋友的兄長
臉上慈祥，就像年老的塞林格
坐在假想的懸崖邊
陷入回憶。後來我們好像談到了春天
詩歌，掀開窗簾就能看見的山谷
大聲地蔑視財富
朋友們覺得整個世界都應該是他們的……

我不明白我為何有如此喜悅
在這個平凡的早晨

我甚至感到在書桌的抽屜裏，當即就能找到
那座房子的鑰匙
而這時我的妻子仍在酣睡
但一條腿很快將從夢裏伸出來

2010.4.23　北京平安裏

馬可後面沒有波羅

你以為他長著藍眼睛巨大的鷹鉤鼻子？
馬可後面沒有波羅

開個玩笑。此馬可非彼馬可
他是個寫歌的人，偶爾寫葬歌或哀樂
他一生的驕傲是用三分鐘
只三分鐘，就能讓一個躺在花叢中的人
心醉神迷，偷偷地笑出聲來

三分鐘。這是一個人必須完成的
最後的聆聽
最後的閱讀和道別
那種撫摸，連他自己也不能拒絕

如果我們都是誠實的，遵紀守法的
那麼，他就應該成為這個國家
最富有的人
但他死那年兩手空空，一貧如洗

2010 年 4 月 1 日　北京

隱形閱讀者

隱形閱讀者來歷不明，他們在寅夜
或者黎明，手不釋卷
借大師的頭蓋骨磨刀
或在某堵斑駁的老牆下，鑿壁偷光

但真正把自己磨成刀，磨得吹彈可斷的
有幾人？更多的人把自己
磨禿了，磨廢了，磨成了花拳繡腿

感謝這些文字，它們貴重，稀少
像金子藏在山脈肺頁的紋理中
而我慶倖先賢們在紙頁中
打開的視窗，讓我看見了光
看見自己環抱膝蓋，像個初生的嬰兒

2015 年 1 月 3 日　北京

經濟時代的戰爭

經濟時代的來臨，其實就是一場戰爭
悄然來臨

用得著懷疑嗎？現在滿城的耳朵都在傾聽
槍聲。而槍聲是聽不見的，它們
綿密，急促，但銷聲匿跡
不斷變幻著射擊諸元和位置
就像大白鯊牙齒鋒利，在深海中遊弋
讓你身中數彈卻渾然不覺
當你環顧四周，誰不是戰場深陷？
誰沒有被侵佔被包圍的那種
迷茫、驚悸和恐慌？
夜幕下，有人在交換貞操
有人在盤點細軟，更多的人找不到出口和方向
嗡嗡，嗡嗡，像群到處碰壁的蒼蠅
剩下的孩子們多麼無助
他們少不更事，但卻被一根鞭子

不斷地抽打和驅趕
但這根鞭子，你同樣也看不見

陣線太混亂了。你不知道你是勝利者
還是失敗者；不知道
什麼時候踩上了地雷
什麼時候已越過邊界。戰爭就這麼沒有道理可言
就像爆破碉堡，必然要落下遍地的
瓦礫和殘肢，清創傷口又難免
錐心刺骨，痛得你大汗淋漓
最悲慘最倒楣的，是那些默默倒下的人
他們或許是勇士，衝鋒在前
或許是懦夫，臨陣脫逃
更多的只是誤入歧途，在混戰中死於流彈
那時子彈紛飛如繁花盛開，而子彈
是不長眼睛的，且來勢兇猛
帶著點宿命的意味；你被它擊中
你光榮捐軀，僅僅說明這粒飛翔中的子彈
盲目而宿命的子彈，不偏
不倚，在你的身上找到了落點

現在我置身的這座樓萬籟俱靜
暫時還沒有露出被炮火

攻陷的跡象

這使我有時間反復地推敲那些語詞

又反復推毀；就像我曾反復穿越

良心和道德的開闊地

我想我必須清醒。我喘息著，我思考著

只是期待我被子彈劃破的皮膚

我尚未發現的那些傷

依然能流出新鮮的血來

在詩歌中，在我未來的生命中

2011 年 5 月 17 日　南沙灘

中產階級的審慎權利

社會的恒溫指數；國家的既得利益者
下鄉、考學，在機關朝九晚五地
跑腿，傳令，像契訶夫筆下那個小公務員
小心地咳嗽、打噴嚏
這些該經歷的都經歷了！天道勤酬
現在他們終於上岸，終於在膨脹的經濟體中
佔據一個坐北朝南的位置
日照充足，每天到來的日子風調雨順

有點官員的派頭，有點學者的風範
有點出人頭地的小虛榮
壞脾氣；有點壯志未酬的鬱悶
沮喪，和傷感；有一點點的沾沾自喜
悠然自得，一點點憤世嫉俗
當然啦，也有一點謝頂，一點贅肉
一點苦惱和疾病，頭髮是
越來越稀，而牢騷越來越盛

如房地產泡沫，還有一點點固定財產
一點點富餘的無處存放的錢
但要幹件大事卻捉襟見肘
投進股市，又怕竹籃打水，血本無歸

就像大地的海拔，金字塔的中堅部位
空氣裏的氧，一日三餐中的
稻、黍、稷、麥、豆
他們安身立命，是一些幸運的人
衣食無憂的人；想暴富但未能抓住機遇
想晉升卻無力跳得更高
有房，有車，有力量遠渡重洋送兒女
去留學，代價是提前守空巢
他們離發達還差一米陽光，距貧窮
尚隔三尺風雨；他們愛國，納稅
憎恨腐敗，大膽議論朝政
有條件地捐款捐物，賑濟災民，願天下
太平，不希望看到戰爭和內亂
他們開始注意氣候變化和空氣品質
開始去鄉村度假，去國外旅遊
開始清談、健身、補鈣
開始服用進口牌子的降血壓藥
降血糖藥，每天優雅地喝一小杯紅酒

哦，到了夜晚，他們仍雄心勃勃
試圖發動三大戰役
但大汗淋漓，每次都敗下陣來

2013 年 7 月 21 日　南沙灘

將軍合唱隊

恕我直言，當他們退出軍帳，賦閒在身
夢想在歌聲裏東山再起
將軍合唱隊其實也是農民合唱隊
你聽！在歌的旋律中
歌的意境中，從他們口音裏頑強長出的雜草
多麼旺盛；風一吹，東倒西歪

是山東的雜草，河南與河北的雜草
天涯海角的雜草
相互爭鋒，開出五彩繽紛的野花
有些不知名的藤蔓攀啊攀啊
像野馬脫韁，紅杏出牆
都興奮地跑到鄰家的院子裏去了

那個唱美聲的沿著優美的波浪線
揮打節拍的小姑娘
兩隻比波浪更美的手，時常中止於某個音符
某個樂段。她不知道波浪下犬牙交錯

埋伏眾多暗礁；她不知道她
正在開墾和拓荒，現在是鋤草師

將軍們在放聲歌唱，小姑娘在辛勤勞作
揮上如雨。但他們是快樂的
就像回到莊稼地種莊稼
在歌的土地上，音樂的土地上

2013 年 7 月 13 日　北京

界線：五十歲獻詩

我知道我遲疑的腳還穿著昨天的鞋子
春天如此浩大，樹木崢嶸
我至今卻仍在股票，低碳，恩格爾係數
和納斯達克指數的叢林
盤桓，找不到下水道出口
而與我相對的另一半，她們衣著囂張
相貌光鮮，正走過千山萬水
讓我怎麼也讀不出來龍去脈

我血液裏的一些東西也在吵吵鬧鬧
醫生說，那是一群恐怖分子
名字叫膽固醇、甘油三酯
紅血球與白血球，不是偏低就是偏高
當我仰躺在病床上接受儀器的勘探
那麼多管線吸附上來
我知道我麻煩了，天使們如臨大敵
正把我當成罪有應得的貪官

其實咬文嚼字的有什麼可貪呢？
如果硬性歸類，我可說是一個失業孩子的
父親，一個更年期患者的丈夫
剩下的夢想 、野心、勾心鬥角的伎倆
我放在一個盤子裏
對人們說 ，這些你們都端走吧

現在我最關心的是五十歲的詩歌怎麼寫
五十歲的詩寫什麼，但對此
我束手無策
暫時還沒有辦法把自己解救出來

　　　　　　　　　2010 年 4 月 24 日　北京平安裏

亂七八糟的身體

呵妹妹，你的身體是一輛利比亞皮卡
你開著它丁丁當當上路
你前進，後退，躲閃飛來的流彈
當心我撿到你的肝
你的脾，你苦汁已經所剩無幾的膽囊

被一個孩子掏空，我認定是你的光榮
刀痕從下腹部深入到子宮
我將其比喻為瓷器，破碎後重新修復那種
有幾片丟失在模糊不清的
朝代，再也找不回來了
那刺目的白，是我們這個年代的補丁

現在我習慣使用亂七八糟這個詞
請原諒我用它來描述你的身體
猶如描述我的，我們的
而在這之前，我用它描述過我們的愛情、食物
書籍、街市、官員們尊貴的品德⋯⋯

我正在寫下的這首詩，也難免亂七八糟
因為我 HOLD 不住那些詞
啊！那些詞，它們有的已染上病毒
有的剛注射過可卡因，鬼知道它們什麼時候
發作，什麼時候說出胡言亂語

2013 年 7 月 21 日　南沙灘

陪一個大姐去南方尋找父親

醫生在她的脖子上拉了一刀，取出
癌；一場車禍折斷了三根肋骨
七十九歲那年，又被機器診斷出中度腦梗阻
症狀為：頭暈、目眩、間隙性嘔吐
走在路上常常像風車那樣旋轉，之後
栽倒，手腳被跌得青一塊紫一塊
體無完膚。這個渾身打滿補丁的人啊
她知道她老了，但執意要去南方尋找父親
尋找她血脈的源頭。她說她可憐的父親
死於暗疾，他用了四十八年去死
用了四十八年把身體裏的氣血、蠻勇
忠貞，積攢了半個多世紀的眷戀
一點點耗盡；用了四十八年，把屍骨
從南方一路拋向北方。而四十八年
再四十五年了，她說，風雨洗刷草木
她要把她父親散落的骨頭，一塊
一塊撿回來，洗乾淨，埋在她心裏

這個渾身打滿補丁的人啊，她踉踉蹌蹌
顫顫巍巍，在人跡罕至的高山上走
在茅草霸佔的鳥道上走，像一隻紙糊的燈籠
站在近處聽得見她身體裏有瓷器
打碎的聲音，布帛像帆一樣漸漸鼓滿的聲音
我走在下風口，小心翼翼地攙著她
時刻提防小小的一陣風吹過來
嘩的一聲，把她身上的補丁再一次撕開

2014 年 10 月 15 日　北京平安裏

陪兒子學做一隻螞蟻

不好意思。我每天早晨的工作，就是
陪同我兒子，在上學的路上
學習做一隻螞蟻
這時做鬼的已經隱去身影，做賊的還未亮出刀片
大街上的腳步喊喊嚓嚓，像一網
即將收攏的魚，鱗片閃爍
我看見與我相向而行的人，或者與我
擦肩而過的人，都把自己洗了一遍
此刻,都在奔跑,也在奔命

我十四歲的兒子正在變聲，嗓音渾厚
又嘶啞，如同小公雞在打鳴
我喜歡聽這種聲音！就像我從小喜歡聞他小腳丫上
那股臭味。但書包他必須自己背
我知道越來越沉。王八蛋的應試教育法網恢恢
把孩子們當成鐵釘，狠狠地往木頭裏砸
往時間的任何一條夾縫裏砸

我只祈求他小小的脊樑，不被砸彎
該留給他迎風生長，然後自己去覓食、壘窩
像只螞蟻,度過匆忙而勤勞的一生

可憐天下父母心啊！隔著四十六年的距離
我祝願我走在路上的兒子
桃紅柳綠，未來在每一個路口都遇到神仙

2014 年 7 月 8 日　北京

小麻雀

你這小麻雀，你以為你凌空縶下來
你衝著天上的雲朵
就能在我亂蓬蓬的頭頂 —— 築巢？

是從外地回遷的吧？是落實政策之後
在這座皇城重新登記戶籍
剛拿到居住證吧？
我認出了你！我知道你們是誰的孫子

但是，砰的一聲，你這小麻雀
你兩粒小小的眼睛
你尖尖的喙，突然被你集中起來的力量
粉碎，仿若許多年前發生的事

陽光暗了一下
一朵血在我時速 80 碼的擋風玻璃上
兀自燦爛

2013 年 6 月　北京

火車，火車

渾圓，煞白，睜著一隻巨大的眼
我承認，我幾乎被它嚇壞了
我們中的許多人也幾乎被它
嚇壞了。穿過山鎮小站寒冷的重重彌漫的霧
它的臉那麼黑，那麼突兀，那麼
兇猛傲慢地撲過來，撞過來
像頭野獸那般發出響遏行雲的吼叫
好像執意要把自己的嗓子
喊啞：把我們寒著的膽，喊破

我們叫它黑頭鯊、黑熊、黑臉豹子
用些見過和沒見過的動物
給它命名，描述它的粗魯
它多少有些醜陋的外貌
回頭看我們自己，該怎麼說呢？
是一群綿羊；一筐剛剛從泥土裏挖出來的
土豆，正準備裝進它長著許多輪子

像雷一樣轟隆隆蛇行的
肚子裏，運往未知的即使展開我們的
想像，也無力到達的遠方
我後退八步，狼狽地，驚惶地
害怕它脫韁般地望著它
我想，它如此飛揚跋扈，如此橫衝直撞
是不是看不起我們？是不是嫌我們
身上帶著太多的泥沙，太多
暫時還去不掉的愚笨和陋習？
我想，是的！它一定是要給我們一次
警告，一種壓迫！讓我們從此懂得
鐵，是不能觸碰的，必須乖乖接受它的控制
而我身邊的那位早控制不住自己了
他蠢蠢欲動，兩眼閃閃發光
正撥開我們的肩膀，踩著眾人的腳
像一隻箭那樣，把自己射出去

四十年前那個寒冷的早晨，那一車
疙疙瘩瘩新挖出來的土豆
就這樣，在我的記憶深處
搖晃和滾動，頑強地，持續不斷地
散發出一股淡淡的土腥味
四十年過去，我知道包括我在內有幾顆土豆

還卡在了城市的夾縫裏
依持著他們的天性，在萬紫
千紅中，默默地生長，默默地開出
藍色的土頭土腦的花
更多的人坐著那列火車回故鄉
在從前的土地上，重複著一顆土豆
生長的週期，和命運

但也有人死了，且死開非命
就是當年我身邊的那位
老家來人說，就因為坐過那次火車
他讓那列火車，轟轟
隆隆，跑進他的身體裏去了

據說行刑那天，他滿臉青紫
一根繩子勒住了脖子
依然在喊：啊火車！火車！……

2013 年 6 月 29 日　南沙灘

慌慌張張

哪片天空裂開了？大片大片破碎的瓦
正嘩啦嘩啦往下掉？哪家動物園
動物兇猛，用犀利的角
把鐵柵欄撞得四分五裂，門戶洞開？
或者哪座宮殿還空著一把椅子，正等待著你去
騎白馬、喚東床，但你
總也找不到那把鑰匙，打不開那扇門⋯⋯

慌慌張張！我看見你在大街上奔跑
在地鐵裏奪命而行，從一畚箕
一畚箕的垃圾廣告中
謹慎地探出頭來，像荒原上的一頭受驚的豹子
一條走投無路，大口大口喘息的魚

把身體掏空又掏空，削薄又削薄
匆匆塞進時間的夾縫裏
數字的夾縫裏，風來了在風中飄
雨來了在雨中滴答

豔陽高照的時候，甚至想到了飛
而我猜測，那該是飛黃騰達的飛
也是飛蛾撲火的飛

慌慌張張地結婚、離婚；慌慌張張地
南下、北上；慌慌張張地求職
辭職；慌慌張張地同居、散夥
又慌慌張張地在小攤上
在速食店，吞下那麼多食品的毒
連放出的屁都聞不見臭味
買房是想都不敢想的
聽說房租要漲了，再慌慌張張地把自己
捆小又捆小，勒緊又勒緊
存放在昏暗而潮濕的地下室裏

噢，陌生又熟悉的兄弟，昨天你一夜狂奔
我在東城喊你，你在西城答我
是不是又在夢遊？
而當你走近，當你輕車熟路地繞開這座城市的
死胡同、骯髒的下水道
我看見你那張臉，其實也就是我這張臉

2013 年 7 月 24 日　南沙灘

在鏡子裏走失的人

昨天。我看見一個人在鏡子裏走失了
我失聲喊他，他遲緩地回過頭來
像望著陌生人那樣望著我
那意思我懂了：你喊誰？你認識的
那個人，與我有關係嗎？
然後他甩給我一個冰冷的背影
獨自走了，扔下我站在鏡子前目瞪口呆
而他走得那麼決絕，那麼義無
反顧，瘦削的肩膀一聳一聳的
此時枯黃的落葉飄了下來
天空在他的頭頂打了一個很大的噴嚏

2015 年 3 月 19 日　南沙灘

六月的鼴鼠

六月，我是作為一隻鼴鼠而存在的
為兒子的升學打洞，為躺在
病床上挨刀子的妻子
送飯、買藥，開著車從城東反復跑城西
身後仿佛有條狗在追趕
氣喘吁吁，拖著猩紅的舌頭

我也拖著猩紅的舌頭，以笨拙的爪子
在堅硬的泥土中挖掘啊挖掘
當我順著微弱的光芒
把兒子小升初的洞穴打到校長門前
壓住洞口的是一塊巨石
有人悄悄指點説，要炸開這塊巨石
起碼要捆綁一個三萬元的炸藥包

妻子那邊還好，我只用了四千元的炸藥當量
但疾病在她的脖子裏埋下了一顆
烈性更高的炸彈

病理切片指出，這顆炸彈一旦爆炸
吭當一聲，足以炸翻我這三口之家

我六月的天空電閃雷鳴，眼看要下雨
下冰雹、下刀子
我知道我無論如何繞不過去
只能躲在地下，挖掘啊挖掘，挺進啊挺進
讓指甲滲出的血染紅刨開的泥土

2016 年 6 月 27 日 北京

溺水記

那水涼徹骨肌，這是我後來體驗到的
而漂在水面上的那個人，她
百媚千姿，興風作浪
曾被我誤認為一朵陽光，一朵愛
你知道塞壬漂在水裏打開她妖媚的好嗓子
多麼動聽！那時有人在岸上
接吻，有人在河邊插足
我跳進水裏冒冒失失地去捉她
捉住的卻是一對濕漉漉又滑膩膩的翅膀
哦，誰讓我只有一縷風的
力氣，一根稻草的力氣呢？
但她偏偏就抓住了這縷風
抓住了這根稻草。誰說開始也是結局？
當她在水裏繼續歌唱
當我沉在更深的水裏，暗無天日

2014 年 4 月 18 日　平安裏

拆遷記

天使也會成為暴徒？十年前我拔第一顆牙
他挖掘，敲打，搖晃，在我的口腔
施工，用小鐵錘和化學混合物
填埋塌陷的洞穴。之後，我照樣抽煙，喝酒，熬夜
從未意識到身體也會用舊
而野蠻的拆遷，就從這一天開始了

三年後我疼痛、噁心、狂吐，抱著
腹部，在病床上打滾
醫生乜我一眼說，開刀開刀！典型的
急性闌尾炎，必須趁早割掉
又說闌尾即盲腸，管腔狹窄，囊狀，純粹多餘的東西
藏汙納垢，類似在身體裏養一條蚯蚓
我說，割吧，割吧，打開我腹腔
但凡多餘的東西，讓我疼的東西
還有，不是東西的東西，請都給我割掉

五十五歲例行體檢，測骨密度的機器

嗷嗷喊叫，提醒我骨質疏鬆
"肉身沒有陽光了，必須補鈣，補維生素 ABCD
EFG⋯⋯"醫生看過圖譜後警告説
我的骨骼脆了，酥了，有如地震後的山體
隨時可能崩裂、坍塌、大面積滑坡

今年我六十歲，離生日還有三十九天
人事部追蹤我那台時光掃描器
正進入倒計時。而我新的病歷還有如下文字：
前列腺增生、直腸位置出現異物
胸部透視可見油膩，疑似脂肪肝
頸部左右側甲狀腺各有一結節，0.2×0.3

我可不可以這樣理解：我用舊的身體已是
一座危房，離倒塌和最後的強拆
不遠了，而橫衝直撞的推土機
正加足馬力，朝我轟轟隆隆地碾過來⋯⋯

2014 年 3 月 24 日　平安裏

挖掘記

我老家把生土叫三花土，就是選定某塊
穴地，往深處狠狠地挖，狠狠地
挖，挖到鋤頭沒有到過的地方
挖出大地的腳趾，讓它露出從未露出的
真相

那年我就這樣挖過，帶領我四個從各地
趕回家的弟弟。我們淚水紛飛
從早到晚，瘋狂地挖
撕心裂肺地挖，挖出的三花土
鮮豔欲滴，讓我痛，讓我的心一陣陣戰慄
讓我忍不住趴上去，聞它們，親它們

水滲出來了！從未見過天日的水
清澈而又冰涼的水
如同在水的背面鍍著一層水銀
如同拉鋸戰中的反佔領，反蠶食，反滲透
這時，我母親的一句話讓我們五個人

五個正在挖掘的親兄弟
失聲大哭。我母親說 ——
他造了什麼孽啊，天要罰他坐水牢？

生土就這樣變成了熟土，因為它
從此有了人煙
從此有了我父親漸漸腐爛的屍骨

　　　　　　　2014 年 5 月 10 日　平安裏

遊魂記

他們死不瞑目的理由是：遵照悼詞或判詞
找到了自己的家，自己
衣冠楚楚的軀殼
可找不到自己的真身。這時暮色四合
山岡上隱隱綽綽
許多人正倒著走路，在尋找自己的前身
他們或壽終正寢，或暴病而亡
或身背血債，以命抵命
我聽見誰在獨自喃喃：死亡
是最大的殘局，你必須用來尋找真相

2015 年 9 月 6 日　平安裏

堅　持

中間那條縫隙如今已成為他們的楚河漢界
寬可趟馬，可屯集十萬軍隊
挖一條戰壕。她恨只恨
不該識項羽；他悔只悔，本應過江東

戰場坍為廢墟，厭惡的草長得比欲望還深
還能怎麼樣呢？天熱時捂緊感冒
天冷時壓住風寒，天不冷不熱時嚴防死守
謹防賊心不死的那個人，月夜偷渡

就看誰能熬到天亮了！一輛車拉上半坡
他期待人仰馬翻，她渴望破罐子破摔

2013 年 7 月 17 日　南沙灘

今晚不談⋯⋯

你有房子嗎？你有車嗎？你有這座城市的
良民證嗎？當然還應該有
兩位數的存款，三位數的未來發展藍圖和綱要
對不起，這是我首先要盤問的
符合法定程式，你可以保持沉默

哥們，是真的還是假的？喝著搬倒井
你果真有搬倒井的海量和氣度？
就像剛從梁山下來的
今夜就交給你了
在醉眼朦朧中，權當讓你再剪一次經
再打一次劫，拿走我的春宵一刻

但你必須明白，今晚不談婚姻
今晚婚姻是我握在手裏，不敢輕易鬆手的那張大貓
要留待摳底上臺，連升三級

2013 年 7 月 18 日　南沙灘

聲聲急兼讀榮榮

她要繁花看敗；她要朝廷坐穿
她聲嘶力竭，準備掀翻身體裏的三山五嶽
為自己造一座堰塞湖

火上房。賊翻牆。前面是大漠
漏船載酒，從花開季節轟轟隆隆趕來的這片潮水
眼看就要灑得一滴不剩了

而你張燈結綵，在書房裏提前舉行狂歡

2013 年 7 月 18 日　南沙灘

南　渡

南渡。在虛構的魏晉，在假想的竹林裏
我想不到我還能小鹿亂撞，心懷
千歲憂；我想不到萬山
也許一溪奔，而恰恰，你就在對岸
屆時下雨了，夜深了，銅壺裏的水也燒開了
銀毫在陶做的杯子裏，翻滾
舒展，根根倒立，還原著峰巒竦峙
幽谷深陷，流水在青石上
涓涓流淌。那麼讓我們坐胡床，吃胡餅
傾心對簫鼓；那麼打開閘門，放出
身體裏的那只野獸，讓它們
相互攻擊，廝磨，不知疲倦的纏鬥
在咻咻低吼中踩倒一片青草
啊，雨滴山野，水煎清茶，這紙上的
仙境，是不是太美了？太瘋狂並太囂張了？
而你說身是菩提樹，天機不可道破
而我說命若朝露晞，你我領回的
只不過是各自的一個夢幻，一份聖餐

2013 年 6 月 28 日　南沙灘

容身之所

感謝這容身之所，用它的寸土寸金
收容我的餘生；感謝它用雪白的牆
暗紅的燈，讓我認出風霜雨雪，來路上跟蹌的腳步
感謝它在我穿上棉麻、晴綸、蠶絲
偶爾也有動物皮毛製作的
衣服之外，再給我穿一件水泥鋼筋的外套
只為掩蓋不時湧起的恐慌、苦痛
和羞於見人且次數越來越少的
荒唐之舉，和魚水之歡
我知道，我努力了，奮鬥了
在這裏螞蟻壘窩，堆放著我讀過的書籍
用過的器物，還有真真假假的瓷器
字畫，及保險箱裏散碎的銀兩
我還知道，這些能看見的，能搬動的
能估價的東西，都不是財富
而我唯一的財富，等待火焰來認領

2015 年 2 月 30 日　南沙灘

足夠大的房子

我是我的房子，我從我的身體裏
走進走出，不舍晝夜
我知道，只要我還在走，我就活著
思想著，我是我自己的主人

就像我站在家門口，用自己的鑰匙
打開自己家的門，它有足夠的大
足夠的空，足夠收藏我
一生的歡樂和愉悅，悲痛和憂傷

足夠大的房子提醒我走了足夠遠的路
在正襟危坐的崗位上使出了
足夠大的力氣，同時也把足夠多
的日子，揮霍一空
而足夠大的房子有足夠的耐心
像一座鐘，等待我停在休眠的時刻

2014 年 9 月 8 日　南沙灘

一個人的廢墟

她說，我要和你討論廢墟
你說一個人死了
埋葬他的墳墓，是不是他的廢墟？
你說那些殉道者或亡命徒
當他們在電閃雷鳴聲中
將自己四分五裂，之後從天空飄落的
血、碎骨，和被燒焦的衣片
是不是他們的廢墟？
再就是，當一個人在木橋上走
不慎失足，幾天後
漂流，沉沒，成為魚們的食物
而這些魚
是不是這個人的廢墟？

蒼白著臉，在從醫院回家的路上
這個女人喋喋不休
她說：那個小小的人兒啊

還不知是男是女，連豆粒大的眼睛
都沒有長出來呢
就這麼沒有了，消失了
化作了水
空氣，一縷縷煙塵
你說，我是不是它的廢墟？

2010 年 4 月 25 日　北京

恐　慌

我的兒子在玩一把槍和一粒子彈
他把子彈反復壓進槍膛
又反復搧動板機
對著自己也對著他任意選擇的目標
他說：啪 ── ！啪啪 ── ！！

然後他把槍豎起來，閉上一隻眼
從槍口很認真地看
臥在槍膛裏的子彈。這時，他看見了槍膛的黑
但看不見比黑更黑的東西

他還把槍和子彈遞給我，讓我也
玩玩，過過久違的槍癮
我手心一沉，嚇得魂飛魄散

那是一把真槍！一粒粒真子彈
沉甸甸又冷冰冰的
槍身被磨得閃閃發光

槍裏的那粒子彈經過他反復裝卸
一觸即發，露出了槍和子彈的本性

我發現兒子在玩真槍真彈的時候
突然被嚇醒了，但我把我十二歲
的孩子，丟在了夢裏
我一時驚慌失措，我說，天啊天啊
我該怎麼辦呢？
我兒子他只知道槍膛的黑，子彈的黑
卻不知道有一種東西，比黑更黑

2014 年 12 月　記一個夢

哲學教授跳樓

我先是在報紙上看到新聞：他黎明起床
換上反復穿過的休閒裝
陪年邁的岳父爬上十八層樓頂
晨練。他在做過幾輪健身操，沿樓的四角跑完
三十圈之後，送岳父下樓，然後再上樓
然後探出女兒牆，把自己
奮力扔了出去，用頭顱在南方那座城市的
薄薄雪地上，綻開一大團梅花

就像玩一樣，就像去驗證一條真理
是否顛撲不破一樣
他跳樓，從十八層高樓跳下去
把自己原來就有的小名聲
弄得更大了，讓我在千里之外聽見嘭咚一聲
為他悚然一驚

我想告訴你的是，他是哲學教授
我認識他！我們在同一間教室學過四年

康得、黑格爾、費爾巴哈
三十年後，上百個同學各奔東西
有人當官了，有人發財了
有人敗給了心裏的魔鬼，進了監獄
也有人駕鶴西去，到了另一個世界
唯有他仍然對哲學著迷，對生死著迷
都把學講到臺灣去了，把書出到
新加坡去了 —— 是探索死亡那種學問
他尋尋覓覓，把東漢西漢、前世今生
任何一個懸在傳說的橫樑上
卡在文字夾縫裏的自殺者，一一叫醒
為他們整理口述實錄，說出他們
從未告人的悲傷。在書裏，他像西維亞·普拉斯那樣
驚歎說：人都是要死的，而死亡
是一種智慧；你怎樣讓它分外精彩？

我弄不明白的是，他為什麼要選擇從一座
十八層高樓跳下去？
是想測試十八層地獄的深度嗎？
就像不是跳樓一樣，就像去驗證一條真理
是否有瑕疵，是否顛簸不破一樣

2014 年 2 月 21 日　平安裏

醉酒者來電

活見鬼！在深夜，這個莫名其妙的人
連著數次莫名其妙地把電話
打進我的手機

他說喂！哥啊，請你原諒我冒昧
請原諒我隨機撥出你的號碼
打擾你。在這大冬天的，大半夜的
我知道你正摟著我嫂子
在暖烘烘的被窩裏
睡覺……嘻嘻，還是你有福氣啊

說著說著他就哭了，嗷嗷地哭
像個受了委曲的孩子
他說哥啊，不怕你笑話，我喝醉了
剛剛翻江倒海地吐過
把膽汁都吐出來了啊，把一尺多長的蛔蟲
都吐出來了啊，此刻正躺倒在
酒店的臺階下，像個流浪漢

像一條無人認領的狗

然後便說到了財富、權利和女人
說到了一個小老闆的口袋
曾經被多少人掏過
需要給多少人點頭彎腰當孫子
需要趟多麼渾的水，喝多麼
難以下嚥的酒⋯⋯哥啊，他說
你知道錢是什麼？錢是紙！
錢是王八蛋！你沒有它的時候想有
有了的時候還想有，真是欲壑難填啊
那麼權利呢？權利是一塊臭肉
長著許多蛆，可你架不住
蒼蠅喜歡它，蛆蟲喜歡它
當然還有女人 —— 哥你種過地吧？
我是說那些女人，她們
滑膩膩的身子，軟軟的腰
像不像水田裏的那些螞蟥？⋯⋯

在這個深夜，這個莫名其妙的人
就這麼酒氣薰天地
說啊，說啊
像個姑娘，執意要打開她的貞操

2013 年 5 月 7 日　平安裏

日子越過越不夠分量

"人生如夢，轉眼就是百年⋯⋯"

在舞臺上聽到鳩山說這句話
我義憤填膺，心裏想，這個老鬼子
胡說八道！人生怎麼能如夢呢？
一百年又是多麼漫長啊
如果你把一百年的日子堆起來
是一座直插雲霄的山，比喜馬拉雅山還高
還龐大、雄偉、莽莽蒼蒼
而我們只不過是一隻只
小螞蟻，我們爬呀，爬呀，爬呀
要哪年哪月，才能爬上山頂？

現在我年過半百，忽然覺得這日子
短了，薄了，稀鬆了，越過
越輕，越過越不夠分量了
好像通過奸詐商販倒過一手
缺斤少兩；好像他們往暗暗囤積的日子裏

摻了瘦肉精、一滴香、三聚氰氨
或者施了化肥，讓它們長出
四條腿，六扇翅膀
過著過著，便在加速，便飛起來了
不信你隨便抽出一疊日子
看看，肯定有些月份，甚至有些年份
你什麼也想不起來，就像
沒過過一樣；就像你興沖沖數一筆錢
數著數著，忽然發現有幾張假幣

年過半百，我知道我的好日子不多了
快到頭了，必須省著過
精打細算地過。剩下的，有許多是
霜打的日子，蟲蛀的日子
疙疙瘩瘩殘次的日子
必須用藥丸和刀片，修修補補
而更後的一些日子
你鞭長莫及，根本控制不住它
比方說，你過著過著，突然心梗了，腦梗了
癡呆了，歪斜著嘴角流哈喇子
這時你就像被通緝的逃犯
苟延殘喘，今天不知道明天的事

如果哪天你在半路上看見我頹然倒地
口吐白沫，臉色像鍋底那麼黑
請不要驚慌，不要離我而去
之後請你從我上衣貼胸的口袋裏
掏出一個小扁盒，打開
在那兒，放著救我命的硝酸甘油

　　　　　　2013 年 7 月 25 日　南沙灘

六十歲撒一次野

六十歲，一隻蛋滾向辦公桌的邊緣
離墜落、粉碎、肝腦塗地
還差三公分
正好與我剩下的工作時間，相等

六十歲，一隻蛋滾到辦公桌的邊緣停住了
是我按住了它。是我讓這只蛋
在三公分允許的範圍內
停止前進，而後橫過來，向兩邊移動
是的！我就是這只蛋，我命令自己
停下腳步，在六十歲的時候撒一次野

當然。我是一個好人，一個聽話的人
循規蹈矩，就像一朵葵花
一生接受陽光的指引
和驅策。又像一匹馬，不用鞭打也能蹄聲
噠噠，把車拉到指定的位置
到六十歲，我忽然發現我是一隻蛋

一隻搖滾裏唱的紅旗下的蛋
我圓潤光滑，一路滾動，從未被打碎

六十歲，我上班故意遲到十五分鐘
下班公然提前半個小時
說話的聲音，不知不覺加入了火藥和雷鳴
腳步也放緩了，從一樓爬到四樓
我上來慢慢地數一遍，下來又慢慢地
數一遍，如入無人之境
六十歲，我不請示，不彙報，不鸚鵡
學舌，不使用陳詞濫調，也不像
看天氣預報那樣，看人們臉色的陰晴圓缺
六十歲我鬆開手閘，撒一次野
把我那輛老爺車，開得心花怒放

六十歲，我站在三公分的懸崖邊
看著夕陽在黃昏中，慢慢凋落

2013 年 7 月 25 日　南沙灘

那邊的炮火打過來了

我收留過他！這個從遼沈出逃的人
那天找不到醉酒的地方
我與他共飲，各自說出心裏的苦
他打快板，說相聲，學不會陽春白雪
被他跳天鵝湖的妻子，一腳
踢過山海關，像只喪家之犬
後來他華麗轉身，出息了，當了
藝術學院的部長、教授、舞台總監
上過春晚，帶領紅男綠女呼嘯
來去。再後來他頑疾纏身
千金散盡也沒有換回平安一日
去八寶山送他的時候，我看見車水
馬龍，像蜂蝶盤湧來一群美女

彈著點，從七百米延伸到七十米

他是我的同事，與我同住一幢高樓
在單位，擔當用放大鏡在書稿裏
捉蟲子的角色。偶爾閑下來

喜歡和校對室的同事打打牌
打打麻將，有時也打打小姑娘的屁股
那天他牌勢乖張，突然逮住一條龍
外帶清一色，外帶杠上開花
合牌的時候，他氣吞山河地把牌推倒
又氣吞山河地癱倒在桌子下
送進醫院，醫生說他腦血管破裂
顱內的血就像大壩坍塌，波濤洶湧

而她是我部下，與我只隔一條走廊
事後我用腳步丈量過
從我的辦公室，到她的辦公室
只有七米，低頭不見抬頭見
純粹的小家碧玉，賢妻良母
不知為什麼她憂鬱了，滿懷歉疚地跑來向我請假
我說歇著吧，歇著吧
她回到家當真歇了九天，在第十天
用一根繩子把自己的三十九歲
掛在廁所的橫樑上 ── 永遠地歇著了

這是我連續三次參加葬禮的二〇〇四年
當這一年就將過去
我長籲一口氣，在新年日記中寫道：
"那邊的炮火打過來了，且越來越近……"

2013 年 4 月 5 日　北京平安裏

放聲歌唱

像個落單的票友，但我認定她不是票友
每天都坐在胡同口
大聲粗氣地唱：蘇三離了洪洞縣……

那時空氣或臨近爆炸，夏日的陽光
猛烈得能刺瞎人的眼睛
或席捲雪片的風
正向胡同裏倒灌，如一群野獸在互相追逐
但她總是坐在那兒憤世嫉俗地唱
咬牙切齒地唱
每天每天，就像鐘那樣準確
就像她曾經來過的潮汐那樣準確

大街上的人來來往往，習以為常
他們都彎著腰騎車
或迎著風趕路，誰會在意一個閑來歌唱的人？
誰願意充當她過往的君子？
呵呵歌唱，有時候也是多餘的

那天我忽然站在她面前，用身體
擋住她迎面的陽光
但她依然在忘情地唱，依然沒有移動那張
永遠都面對著蒼天的臉

哦，一個繁華盡失的人，一個
天天在放聲歌唱的人
你該說她望穿秋水，還是心懷深仇大恨？
而我只知道她孤獨
決絕，還有那麼點舊時的驕傲
從不屑看人們的臉色

2010 年 4 月 25 日　北京南沙灘

南沙灘

南沙灘在北京的北四環之外，南沙灘過去
是南溝泥河，南溝泥河過去
是豹房……看到這些地名，你會想到
當年，這裏有一條河
流水清澈，沙灘上的沙子粒粒金黃
河兩岸的樹林和草木深得可以
藏奸，可以野合；到了晚上天空像氈房那樣
低下來，伸手可以摘星星
而田野裏螢火點點，蛙鼓喧天
連住在紫禁城的皇帝，也常來踏青、戲水，夜觀
天象，換著口味地寵倖豹房裏的女豹子

南沙灘附近還有北沙灘，就像有天安門就有
地安門，有前海就有後海
北京真他媽氣派啊！把海挖在院子裏
把沙灘留在郊外，還北沙灘
南沙灘，其實就是一條小水溝，兩片沙地
外加木輪車歪歪扭扭碾出的

兩道車轍。而我這個十年住戶，用十年
時間，跟著操各種口音的施工隊
挖地三尺，也沒有挖到皇帝失手打碎的
某塊青花瓷瓶的碎片
我能告訴你的是，如今從南沙灘往西走
是清華、北大，從南沙灘往東走
是我家的後花園 —— 此地的兩處風景
一個叫鳥巢，一個叫水立方
不過鳥兒沒有幾隻，水是用池子圈養的

是的，真正讓我對南沙灘大發感慨的
是我兒子。他生在南沙灘的
水泥地上，長在南沙灘的水泥叢林裏
又在像碉堡般圍著的龐大院子裏
學會了滑旱冰，滑蛇板，然後去滿大街的
匝道、盲道和鳥巢的環形跑道上
弓身衝浪，模仿在大海弄潮的樣子
現在他讀書了，識字了，懂得從三毛
和梭羅的書本裏，摘抄好詞好句
有一天，他忽然問我：大哥，說南沙灘
南沙灘，去哪兒聽取蛙聲一片？

2013 年 7 月 26 日　南沙灘

從前的一場雨

雨在沙沙地下。長鼻子的鄉村班車向竹林
深處駛去。她就坐在我身邊，長著
一張城裏人好看的臉，而我覺得
她就是一滴雨：清澈、渾圓，亮晶晶的
剛剛從窗外濺進來，壓住了車廂裏
濃重的汽油味，和一攤攤嘔吐物的
酸腐味。我自覺地蹺起腿，聽她字正腔圓
吐出的每個字，但卻不敢靠近她
頑強保持著一個鄉村少年的自尊
和引忍。但在顛簸中，我觸電般地碰到了
她的手臂和大腿，聞見了她雨水一樣
清新的味道。這讓我愉悅，心在嘭嘭地跳
我努力想對她說點什麼，但不想告訴她
我是附近山裏的一個孩子，父母是
農民，正要去雨中的那片竹林裏
扛茅竹。我十五歲嫩豆芽般的小身子將被
沉重的負累壓彎。但她好像不在乎這些

她好像很願意有我這樣的一個忠實
聽眾。她在講述她的童年，她在城裏曾經
擁有的畫片、鏡子、小輪自行車
少年先鋒隊的隊旗、隊歌和咚咚敲響的
軍鼓。這又讓我想入非非，讓我在許多年
又許多年後，仍然記得她身上那股味道
感到她好聽的聲音就像那天的雨
打在我心裏：清澈、渾圓，亮晶晶的
許多年又許多年後，我老了，在城市的雨中
我發現每一張回頭的臉，都似曾相識

2014 年 9 月 5 日　北京

木渣像鳥那樣飛

木匠的斧頭砍下去，木渣像鳥那樣飛
接著是千萬隻飛翔的鳥
日子舊了，鳥們紛紛扔下用髒的羽毛

這些正被一個女人看見和聽見
她不會錯認為雪花
不會錯認那個紅衣紅褲，從河的對岸涉水
而來的女子
此刻正從她的身體裏脫身而去

木匠邊砍著棺木邊大聲地說
好啊，好啊
命留不住的東西，神也留不住
木匠又說：嗩吶開道
骨頭打鼓
這是她來年最想聽到的聲音

2010 年 5 月 26 日 北京平安裏

父親是只罎子

那天我驚愕地發現我年邁的父親
是一隻罎子，一隻泥搏的罎子
手捏的罎子：木訥，笨拙
每一次移動，都讓我提心吊膽

父親依然頑強地活著，頑強地讓耳朵
傾聽風的聲音，雨的聲音
兒女們在大路上走近
又走遠的聲音；頑強地讓滿口鬆動的
牙，咬住漸漸消逝的日子
如同門上那條搭鏈，鐵咬住鐵

這是我在三個月前看到的父親
那時他沉默寡言，開始超劑量地往身體裏
回填藥片，有種死到臨頭的恐慌
他當然知道凡藥都是有三分毒
但他也知道，他一年年耗盡的力
早把他身體的四壁

掏成了一隻泥罐子，一隻藥罐子

三個月後當我再次見到父親時
他已躺在一具棺木裏
嘴巴張成一隻漏斗
像口渴了，盼望能落下幾滴雨

我苦命的父親，這個眷戀世界的人啊
那天在睡夢裏從床上跌落
作為一隻罐子
他嘩啦一聲，不慎把自己打碎了

2010 年 4 月 26 日　南沙灘

故鄉的老母親如是說

都死了。故鄉的老母親說，那些曾和她
打紙牌的老姐妹，都死了
　── 山腳下的梁素英死於癌痛難忍
用一根繩子，吊在了灶房的窗櫺上
河邊的冬秀奶奶死于望眼欲穿
大年三十咽氣，她在廣州撿垃圾的兒子和女兒
趕回來奔喪，到家那天已是正月初三
黃坳那個童養媳還記得嗎？
就是清早走三裏路，肚子上系一隻布兜兜
每天用體溫來熱那兜飯的張婆婆
她幾好的一個人啊，至死都不願
麻煩鄉鄰。走那天就像六十年前出嫁
她自己梳頭，自己換壽衣
自己爬進放在暗房中的那口棺材裏
待人發現，眼窩已被老鼠挖空
母親又說，死了，三村四寨，方圓五裏
再也湊不起一桌打牌的人了

她們就像等不及似的，就像急著去
那邊團聚或趕集似的，都死了
剩下她每天坐在煙熏黑的屋簷下，獨自打盹

2014 年 10 月 26 日　平安裏

蜜蜂和它們的巢

那層層疊疊的建築之美，你必須
從空中看，從它們壓再壓低
而後把春天當服飾的
柔軟肢體看。是一群忙碌的工蜂！偉大的
集體主義者，情場上的角鬥士
身懷絕技和暗器
迅疾、矯健、兇猛，具有攻擊性
或者稱它們采花大盜吧
為一小勺蜜，給攔路者下毒
對戍守者行刺，把渾身解數發揮至酣暢淋漓
發揮至翻手為雲，覆手為雨

2015 年 2 月 10 日　南沙灘

雪山，我們的父王

獨對蒼茫，他坐在那裏看盤古開天
看後羿射日，看螞蟻般細小的
人們，從塵埃裏爬起來
沐猴而冠，玩些爾虞我詐的小把戲
他看遠去的女兒水珠亂迸地，從膝蓋上滑落
翩翩身影像經書那般一卷卷翻開
沒有親疏厚薄之分
舞罷一曲，她們昂起頭說：父王
你可要記住我們啊
記住我們的臉，像一朵朵盛開的葵花

2015 年 2 月 14 日　南沙灘

乳 奔

應該是炸裂的前兆，胸前的一朵雪
光芒萬丈！我視綢緞如風
視棉麻如網，視環佩叮噹
如俗塵和畫蛇添足之物，嘩的一聲撕開
鳳凰是什麼樣子我就是什麼樣子
可我有比鳳凰更華麗的羽毛
和身段，更柔軟的兇器
我奔騰，我跳躍，渴望崩潰、坍塌和粉碎
渴望被一隻手握緊
然後在掌心，像糖一樣瞬間融化

2015 年 2 月 14 日 南沙灘

月下的白衣舞者

認得出這是紛飛的梨花嗎？它們的白
是迷幻的白，潮濕的白
是幽暗月光下走出雷峰塔的白素貞
率領面敷霜雪的姐妹
長袖善舞的白。有鑼鼓點敲得像急雨亂箭
有淒切的啊呀咿呀，說我的官人
我的夫君，此生恩斷氣絕
我只能交給你這些
白如潮水，但被狂風揉碎的花瓣了
它們隨風飄零
但即使化作塵泥，依然白璧無瑕………

2015 年 2 月 15 日　南沙灘

你在咫尺，你在天涯

問一個古老的問題：你在哪里？
用聲音呼喊你，分貝被吸走
用手掌撫摸你，指紋被吸走
而且還那麼虛幻，看不清你的嘴巴和鼻子
你眼裏的四季，像雲的腳印在水面上飄
只有中間這道牆是真實的
穿得過光，但穿不過呼吸、體溫、心跳
這是在白天。到了夜晚，寂靜
黑。貓在樓頂上撕心裂肺
我摟住你的軀體但摟不住你的真身

2015 年 2 月 15 日　南沙灘

我是我自己的……

對影成三人，成四人，其實只是
成一人，其實只有我
而我是我自己的城堡，我自己的
監獄，搖晃鏽跡斑斑的柵欄
時而像刺蝟那樣縮成一團
時而像畫幅
大面積攤開，但終不能破蛹
成蝶。我還是我自己的盔甲，我自己的
軀殼，在你面前假戲真做
我用尖銳的指甲，剝啊，剝啊
把自己剝得鮮血淋漓
終不能剝開真相，剝不出另一個我

2015 年 2 月 13 日　南沙灘

桃之夭夭

桃子臉，彎彎眉，腰是流水做的
兩隻手滿是拉進拉出的抽屜
拉出一隻：山川、河流、幻飛的鳥
拉出一隻：洞庭的漁歌、秦淮的簫
而現在我們拉出的那只
叫桃之夭夭，就是灼灼其華的桃，嘔心瀝血
的桃，在我們的骨頭裏，一朵朵
一叢叢、一樹樹地，盛開
那鋪天蓋地的紅，吹吹打打的紅
仿若魂魄在催：歸！歸！歸⋯⋯

2015 年 2 月 12 日　南沙灘

月亮照見白骨

我認出他是苦命的鍾馗，屁股下
坐著江山，也坐著亂石
濁世間陰氣太重，月光照見白骨
那麼多的人死得不明不白
那麼多人坐在黑夜，暗自悲泣
當狀子閱到第一百零一卷，衙門口又有誰大聲喊冤
說她的身子沉在水潭，她的頭
埋在河邊的第七棵樹下
捉鬼人如夢初醒，在朝堂怒喝 ──
"賊子大膽，小的們快快備馬！"

2015 年 2 月 12 日　南沙灘

對春天的頂禮膜拜

彤紅的祝福緣背脊攀向天空。斗笠
香燭、赤裸著踩踏荊棘的腳
在踏歌
唯這一天我們濃墨重彩
對春天頂禮膜拜——大地上的五穀啊
我們稱之為血中的血，命中的命
我們就卑賤地苦樂自知地
活在這命裏。就像此刻我們把自己放上祭壇
在一片春光裏酩酊
等待來日汗珠子落地，摔八瓣

2015 年 2 月 11 日　南沙灘

去高山上敲鼓

黃昏降臨的時候適合物我兩忘
愛情能成為最後的救贖
或祭獻？而我只差往手帕裏咯血了
只差和你，交換肉身裏的水土了
現在我留著一頭牛的力氣
並暗暗準備了
一小杯歎息，一小杯愁緒
一小杯足以殺死自己的毒
趁今夜雲淡風清，天上掛出最紅那盞宮燈
在西皮流水中，我要
打虎上山，把鼓推到最高處去敲

2015 年 2 月 18 日　南沙灘

霸王別姬

四面山上的人都在唱歌，唱那種
能纏住馬蹄，能封凍血液
的歌。那個忘恩負義敢喝他老爹肉湯的人
他得逞了
現在正坐在營帳，等待我去求饒

虞姬，虞姬，江山被我輸光了
榮耀被我輸光了
剩下的唯有你我的呼吸，唯有我們跨下那匹烏騅馬
而我腰間的那柄砍鈍的劍
把它插在大地上，做我的碑吧

虞姬哪虞姬，當你橫劍一刎
我才知道男人輸掉了
他的命，他命裏的最後一聲吶喊

……現在我看見你白衣飄飄
在江東的那條岸上
長籲短歎，正一聲聲喊我的乳名

2015 年 3 月 6 日　南沙灘

卷珠簾

卷珠簾唱紅了一個人。他站在藍色追光中
峨冠博帶，真有點醉花陰和臨江仙
的意思。吃膩了粵菜、湘菜
上海本幫菜，炮打火燒總讓人大汗淋漓
的麻辣川菜，我理解，但凡胃口好的吃貨
都想來點新鮮的。"啊，胭脂香味
卷珠簾，不為誰。啊，不見高軒……"
多美的意境！多麼古典。搭乘紛披的落英
那些夜半夢遊的人，意興闌珊的人
差不多就要崩潰、軟癱和晨昏顛倒了
但且慢，且慢，人在旅途，家有
吼獅，每天像亡命般地在職場穿行
你有胭脂可聞，珠簾可卷嗎？你養得起鶯聲
燕語，從珠簾間透出的薄如蟬翼的
晨光中，慵懶地喚你的那個人嗎？
噢，卷珠簾，卷珠簾，卷完珠簾洗洗睡

2014 年 5 月 8 日　平安裏

寂寞紅

如果時光倒流八百年，我知道我這種
想法和做法，叫忤逆，叫大不敬
三十裏路，皇帝住在近郊
騎車去，打車去，抑或自己開車去
悉聽尊便。説什麽皇家氣象，風水寶地
其實是一片窪地，像大地端出的
一隻大土碗，向天空討水喝
沒見到皇帝花天酒地，也沒聽説他哪個子孫
飛黃騰達；而我用一張五十元紙幣
就買到了看望他的權利，當面
談論、指點和評説他的權利
而地宮濕，潮氣重，皇帝睡成了一堆骨頭
拱頂滴水的聲音，如一聲聲歎息
"皇帝風光，但沒見到待寢的女人。"
言下之意呢？我望著説皇帝壞話的那個人
他腦滿腸肥，像一個在逃的小貪官

2014 年 7 月 21 日　北京

壺口・飛流直下

飛流直下！那麼多的老虎從水裏跑出來
那麼多的怒吼
和咆哮，大地在顫動中裂開一道峽穀

不！我看見的不是一腳踏空，不是
瘋狂地去追逐倉皇奔逃的
一只兔子，或者一群麋鹿
這激情的老虎，囂張的老虎，血脈賁張到
前赴後繼的老虎，它們互相撕咬
互相擠壓、衝撞和踩踏
就這樣不要命地，紛紛，也就是一群
接著一群地，從三千尺高的懸崖
跌落下去，翻滾下去
那勇敢驕傲地獻身，光芒燦爛

信不信？老虎藏在水裏，老虎藏在岩石裏
老虎也藏在我們的身體裏
我們奔騰的血液裏

此刻，老虎們在拼命搖晃柵欄
是把它們放出來，還是把它們按住？

是的。這個上午，我因為看見和聽見
而成為最後的盲者
這個上午我都在念叨：老虎，老虎……

2011 年 12 月 16 日　北京平安裏

原　址

你怎麼能找到它呢？一座高樓是新建的
油漆成楠木的柱子還飄出
去年的松香味；而鹽無論如何囤不住
鹽商家的屋宇遮遮掩掩
仍露出清朝的一角；年歲最老的一面碑
骨骼清奇，被鑲嵌在玻璃櫥窗裏
但它在喘息，在空空地咳嗽
聽得出受了宋朝的風寒
往事越千年哪！一匹馬早跑死在時光中

跑不死的是我們看見的這片高天厚土
這片給盆地鑲邊的平原
環抱著盛唐的河流、飛鳥和詩歌
它比那匹馬跑得還快
還更早到達，你沒看見它騰空四蹄
開始爬坡，開始像海嘯那般
一浪高過一浪，又像山那樣超拔和險峻？

原來就是層層疊疊的山脈
我認出最高最耀眼的那座，叫喜馬拉雅

還需要說穿嗎？一個橫空出世的人
腳下必有橫空出世的臺階，和天梯

2012 年 11 月　江油歸來

青蓮鎮童話

夕陽西沉，他們在百尺高樓上高談闊論
大聲說著功名、豔事、鹽巴的行情
口渴了就伸出雞爪樣的手指
捏八仙桌上的酒盅，漆盤裏水煮的
蠶豆、花生和敗火的蓮子
間或也透過稀薄的絲綢，捏婢女的屁股

但在那雙水晶做的眼睛裏，這都是些
迂腐的人，窮酸的人，俗不可耐
終生在律令、法條和平仄的籠子裏
循規蹈矩，像井底之蛙鼓噪不已
他說噓，爹爹們，師長們，請小聲點
高樓搖搖欲墜，你們正驚動天上的人

先生們大驚失色，古怪地看著這個
五歲的孩子，滿口胡話的孩子
他們想：這孩兒懵懵懂懂啊，該修剪了
該打磨了，該趁早剪掉他腦子裏長出的

枝枝蔓蔓；之後，他們全部的心思
加全部的熱情，就是消滅一個天才

這個叫李白的孩子長到二十四歲
焚琴煮鶴，毅然選擇從這個叫青蓮的小鎮
這片叫江油的土地，離家出走
此時他已驚出一身冷汗
他發現他再不出走，他身上的羽毛
那供他飛翔的羽毛，將被拔得一根不剩

雖然他知道：行路難，難於上青天

2012 年 11 月　江油歸來

在朱仙鎮聽豫劇

一條河流的源頭。一片被戰爭反復
踩踏的土地。那噠噠的馬蹄
是另一種犁鏵，它們插進泥土
種下白骨也種下悲愴
而那喊命般的唱腔，是此後一年年生長出來的
非物質的刀槍與劍戟

因而這座大廳要蓋得像天空那麼高
所有的門窗都必須打開
即使哈氣成霜，他們也要把像刀子一樣的風
喊進來，把黃河的怒濤喊進來
接踵而至的，是十萬匹鐵騎
十萬支寒光凜凜的刀劍
十萬顆血跡斑斑，咕轆轆滾動的頭顱

啊，那麼冷的天，那麼高亢的旋律
男人們在喊，女人們也在喊
連紮小辮子的孩兒也喊得

火光迸濺。我感到天都要被他們喊破了
地都要被他們喊塌了。但我聽不清
一個字，雖然我感到每個字
都是灼燙的，有一股濃濃的血腥味

這之後，他們從一滴 70 度的烈酒裏
給我放下一掛梯子，讓我沿梯子
攀爬 —— 梯子在風中搖晃 ——
我看見在梯子的最頂端
是一個叫宋的朝廷，但那朝廷也在風中搖晃

2015 年 9 月　開封歸來

天上草原

在仙女山看見仙女太不容易了
你得有慧根，善緣
還必須是一個情種，銜玉出生
我敢說的是，今夜在仙女山上
我喝過她們釀的酒，騎過她們養的馬
妹妹，今夜仙女山月白風清
好像有什麼事情將要發生

仙女山可真是仙女待的地方啊
絕對空靈，絕對虛無飄渺
仙女們在東山吹簫，西山放牧
把多得無處存放的氧
漫山遍野潑灑，讓我剛吃過的豆子
瓜子，正在肚子裏發芽
不像我們住在城裏，總是把氧
圍在狹小的綠地裏圈養
一走上大街，就得吃土，吃灰

吃汽車天天排出的黑煙

仙女們在湖邊梳頭，溪畔擣衣
把比純棉更柔軟的白雲
一匹一匹，掛在高處的幾棵秋梨樹上
而我曾在那些秋梨樹下坐過
趁四下無人
慌忙扯下白雲的一角
帶回家，足夠給你做條圍脖

妹妹啊，在仙女山，在仙女山的
這片空蕩的草原上
哥哥決定今夜不想你，堅決
不想你！哥哥我今夜睡在天上

2010 年 6 月 21 日　北京

沿地縫往下走

劈開重重岩石從中間凹陷
這讓我想起我的母親
想起母親的胸
母親的腰，母親優雅柔軟的腹部
我知道我這樣想是不潔的
但在這個世界上，還有什麼比
母親的身體更聖潔？
還有什麼比讓我們的母親
再生一次，更讓人想入非非？

往下，往下！搭乘八十米深的
垂直電梯，沉入地底
依次是植被、根須、五色土
層層疊疊的花崗石……時間的指針突然
往回跳躍，讓五十六歲的我
一路跳回四十歲、三十歲
迎面垂落的一掛瀑布

飛流直下，它告訴我人生在世
本來就這樣跌宕起伏，命若琴弦

往下，往下！電梯以後的路
是鑿在懸崖上的路，纏在
冰涼溪流上的路
溫度越來越低，潮濕的毛絨絨的青苔
漸漸往我的腳趾上爬，往我的
膝蓋上爬；而我從三十歲
向二十歲滑去，這時我血氣方剛
站在記憶中的母親
風姿綽約，正被我暗暗愛戀

往下！往下！兩道石壁把腳下的
路，夾得更窄也更緊了
現在你得削薄身子
像一張紙，把自己從石縫裏
塞過去；或者學習茹毛飲血的祖先
四腳著地，倒退著讓尾巴先通過
這讓我從二十歲走回
青衣少年的路，整整用了半天
聽見冒煙的嗓子，吱吱
嘎嘎，發出小公雞值更的聲音

再往下走，一塊巨石卡在面前
只允許低頭鑽過
我驀然一驚
心裏想，這該是母親那塊偉大的恥骨了
再往前便是她溫暖的子宮
而這時我手握母親的乳房
回到她柔軟的懷抱
渾身飄著新鮮而醉人的乳味

我說此處正好！我哪兒也不去了
給我什麼，我也不與你交換
因為我年過半百
背已彎曲，牙齒出現鬆動跡象
而胃裏又吸進太多的
塵埃，太多的污穢和陰暗
那就從這裏開始
把我庸常而醜陋的一生，推倒重來

2010 年 6 月 22 日　武隆歸來

那一夜以湖爲鄰

有什麼可以置換我肺中的那些塵垢
我眼中的那些煙霧
我靈魂中那些日夜不停的喧囂？

在那一夜，我清楚地記得，我是被它
巨大的寂靜驚醒的
我目瞪口呆，好像有某種東西
正在天地間籠罩和蔓延
四周是無法比喻的靜，言語不可訴説的靜
我咚咚敲打牆壁也難以驅散的靜
驀然想起那是一個大湖
想起這個大湖在夜幕中隱隱奔湧的波濤
但它此刻不聲不響，靜靜地
守在我窗外，如同母親守護我的童年

哦哦。這個夜晚這一湖水緊密簇擁
已團結成一滴水！一滴
巨大的，沉重的

必須用六十五萬平方公里的土地
作為器皿，才能盛裝的水
所以我為這滴水震驚！我想如果把這滴水
豎起來，該是一架何等高大險峻的
山脈，如果把這滴水攤開
又該是一片多麼遼闊的原野
足以安下一個縣，一個省，一個國家
而這一夜，我以湖為鄰
枕著這滴湖水入眠，需要多大的
氣魄，多大的膽量
更需要一顆多麼偉大而鎮定的心臟

因此鳥不敢不飛來，魚不敢不遊來
萬物不敢不生長
繁衍，就像人類曾經歷的伊甸園

2010 年 6 月 23 日　北京

肩胛上的嘉峪關

你看不出來？風吹我八百年，沙埋我
八百年；那年的那場雪橫掃千里
把天都壓塌了，把山都蕩平了
卻掩不住箭樓排空，甕城動地
而我在遙遠的河西，在你喊也喊不醒的大漠中
酣睡，用一支銅箭堵住肩胛上噴湧的
血；錐心錐骨地把這道關
扛在肩上，像肩扛一道凝固的閃電

我知道你見過災年的飛蝗，見過大片大片
陰騭的鳥，它們盤旋嘯叫，帶來持久
的黑暗，也帶來惴惴不安的凶兆
匈奴的箭嗖嗖、嗖嗖地飛過來
遮天蔽日，裹挾著仇恨、野心和狂妄
必須把它們擋住！用城牆上過火的磚
用血脈賁張的胸膛，用垂死前的
怒吼和吶喊：這如同一種儀式

辭典裏叫肝腦塗地，經卷中叫立地成佛

唯邊地那彎慘澹而冰涼的月亮，年年
月月，靜靜地照著我的骨頭
而我們的骨頭，如今被漂洗得像瓷
那樣白，像樹根那樣白
準確地說，是死去胡楊的那些樹根
那種白！據說它們咬住沙土三千年不松
三千年不朽；哪怕再過三千年
也拒絕腐爛，拒絕交出命中的苦難

啊啊，請別打擾我！請別用鐵鍬來挖掘我
探訪我；也別打碎我的骷髏，拔去我
肩胛上的那枚銅箭鏃
就讓它這麼嵌著，就讓我這麼疼著
就讓這道關留住它光榮的記憶，它的傷痕

2014 年 7 月 22 日　平安裏

遙想公瑾當年

就這樣，我去了！你看明月清風
周郎已解下身上的盔甲
腰間的寶刀；魂魄般伴隨我的那匹白馬
我留它在江中嗚咽，水底悲號
而從血泊里起身，我依舊是
羽扇綸巾，一襲白袍
像影子般在水面上飄，在夜色中飄

功名誤我矣！恨只恨年少輕狂
心比天高，用太多的血
磨過劍，以太多的殺伐和征討
把個好端端的東吳，弄得個
滿目瘡痍，遍地哭嚎
最是曹操老賊心狠手辣，陣前招搖
說什麼雀台高築，紅燭妖嬈
只待他吹吹打打歡天喜動地娶二喬
激怒我火燒連營，漫捲狂飆

殺得他鬼哭狼嗥，望風而逃

噫！回頭看，江山姓劉還是姓曹
關我屁事！可惜了千萬將士
飲恨長江，風簸浪淘
而他們誰不是良家兒女，骨肉同胞？

罷！罷！罷！說是出名要趁早
依我說死也要趁早
死早了有你葬我啊，紙錢像蝴蝶翻飛
死早了有你哭我啊，淚水如雨打芭蕉
想當初郎才女貌，你撫琴
我吹簫，端的是月圓花好
誰曾想梟雄當道，大風頻頻吹動我
營帳的大纛，身上的戰袍
卻冷落了閨中美人，命裏小喬
在寂寥中空度幾多良宵
罪！罪！罪！就讓我以死謝罪
從此甘做你腳下的一篷青草
任你踩，任你踏，陪著你慢慢變老

小喬呀小喬，就這樣我去了
就這樣我來了！快席捲你的竹簾

像打開一冊書那樣打開
你的窗牖，你酥軟的懷抱
就戀你波濤洶湧啊，就戀你纏纏
綿綿，用藤蔓的手臂流水的
腰，收藏起我的傷痕，我的驕傲
然後我要輕輕地告訴你
告訴你埋我的地方啊，此處正好！

2012 年 7 月 4 日　北京

爲一個西行者而作

人們如過江之鯽，滾滾東去
惟我獨自向西，向群山圍攏的地方
眾生匍匐的地方。但我不是
聖徒，不是！而只是天空
落下的一滴淚
傷痕累累，面目全非
苦過，愛過，又在欲望的波峰浪殼
漂流過。當呼嘯的風吹動
山上的經幡，吹著我荒涼的靈魂
讓瑪尼堆刻滿經文的石頭
響亮地叩擊我的前額

向西！空氣稀薄，鳥翼明亮
陽光一擲千金；青草像甘露那樣
哺育著雲團般翻滾的羊群
山頂上的雪，飄飄揚揚
帶來天堂的消息

而這空氣，這鳥翼，這青草和雪花
我只要一杯，一羽，一葉，一朵
我只想借它們的光芒擦亮
瞳孔，洗淨肺頁
從深深的塵土中拔出前世今生

從此我開荒，築壘，與世隔絕
做草棵上的一粒最晶瑩的露珠

2015 年 3 月 3 日　北京

相看敬亭山

我相信萬事萬物皆有靈，皆有緣
就像此時此刻
你從千年之前而來，我從千里之外而來
我們相守，在同一座山上
我們相看，在同一首詩裏

是一首絕句，也是一曲絕唱
還是天地人和的
一次絕配
二十個字，你用它們為我搭起臺階
讓我攀登了一千年
二十個字，鑿在山頂的石碑上
讓我來這裏獨坐
看盡了天上的飛鳥和白雲
也看清了我的前世今生
二十個字，你用它打敗了風花雪月
也打敗了沉澱在我血液裏的

孤獨和悲傷，時間和空間

是啊，一年中只有這個四月
一生中只有這一天
你從千年之前而來，我從千里之外而來
我們想守，相看
只為說出心裏的萬語千言

2015 年 4 月 11 日　北京

黃金甲

亂花迷眼！我在漢中三月的油菜地裏醒來
在漢中三月高上雲端的油菜地裏
拔出插進喉嚨的那枚箭鏃
用燦爛的花瓣堵住
汩汩奔湧的血，就像堵住一條決堤的河

一千七百年了，我身體裏的那條河啊
蒸騰了，乾涸了，流得一滴不剩
只剩下水的幻想，一條大河
流淌和翻滾的幻想。一千七百年了
我在每年三月的雨水中醒來，才發現
渾身軟癱，一個柔軟的懷抱
正像孩子那樣摟著我
抱緊我，又像搖晃花朵那樣搖晃著我

那是我的母親，我的妻子，我的女兒
她們用溫暖的子宮
一年年生我，一次次跪在地上

用雪白的牙咬斷臍帶
我一次次醒來，聽著她們唱著漢家的歌謠
聞著從她們身上絲絲縷縷
散發的，青草的香味，乳水的香味

我漢家的女子都是癡情的女子啊
她們布衣裙釵，在年年的三月
把陽光一朵朵插在頭頂上
在年年的三月
用遍地黃金，一遍遍
擦拭我的戈矛，縫補我的戰袍

我一次次在三月醒來，一次次聽見
大風在吹，鼙鼓在敲
一次次追著我漢家的大纛，漢家的軍陣
奔走在通向大散關的棧道上

2015 年 4 月 10 日　漢中歸來

七十六萬隻螞蟻

一個漢字突然站了起來，十萬個
百萬個漢字，突然站了起來
它們對著秦嶺怒吼：必須從懸崖中鑿開一條路來
必須從石頭中牽出虎豹
龍蛇，讓漢水橫流，讓漢語穿上漢服
翻山越嶺，從南方走到北方去

在懸崖上，在峽轂裏，在湍流中
我看見他們浩浩蕩蕩，召集
七十六萬顆人頭，咣當咣當地撞那道石門
看見七十六萬根脊樑，伸進岩石的
夾縫：彎曲、匍匐；翻滾，攀爬
就像七十六萬隻螞蟻，共同
啃一根骨頭，啃一根叫秦的骨頭

千年之後，我站在石門峽口的斷崖上
看見滿山都是螞蟻的齒痕
聽見滿江都是螞蟻的吼聲

2015 年 4 月 11 日　南沙灘

定軍山

決戰開始了。他們在山頂上橫刀立馬
都有泰山壓頂之勢、之勇、之威
而在他們身前身後隆起的
十二座山，只是巍巍秦嶺與大巴山夾恃的十二個
土堆，十二個山的嬰兒
正等待他們一決雌雄，為自己命名

叫夏侯淵的曹魏大將傲慢地發出一聲
冷笑。他長著一胸胡人的黑毛，一對
銅鈴大眼，耳朵像兔子那樣機警
即使隔著一道峽穀，也聽見對方在咻咻喘息
如同一隻葫蘆被按進水裏
他甚至看見了他銅盔下露出的一綹白髮
心裏頓生幾絲憐憫，而後拍馬下山
厲聲喝道：黃忠老兒，快快受死！

黃忠知道自己老了，但他暫時還不想老
他感到自己還沒有理由老

為此，他問過手中那把名叫鳳嘴的凜冽大刀
鳳嘴對他說：主公，你曾用多少
士卒的頭顱和血，磨過我
現在就差最灼燙的一顆，最堅硬的一顆

馬蹄像風暴那樣刮過來了！黃忠且戰且退
以招架之功藏起他的還手之力
而夏侯淵風掃殘雲，再次睥睨和嘲笑了一個老人的
智慧，再次睥睨和嘲笑了十萬旌旗
簇擁的蜀國；但他至死都不知道
拖刀是一計，敗退也是一計
不知道突然的一陣風，為什麼會旋轉
為什麼從他的腰間嗖地吹過，不知道
他的上半身和下半身，為什麼
從此分離，就像一棵樹被一道閃電劈開

我想說的是，對一座山或一片山的命名
不在於它有多高、多險、多麼巍峨
而在於它埋葬了誰的屍骨
轟轟烈烈，拉開了誰的大幕
比如驪山，比如戲文裏唱的這座定軍山

2015 年 4 月 11 日 漢中歸來

稀世之鳥

我想一定有巨大的秘密深藏在千山萬壑之中
水草間飛起的那只鳥
是一段序曲，一首詩意味深長的題記

朱鹮。細細的秦篆的爪，長長的漢隸的喙
比繁體字更古老，更深邃
當它飛翔
濕漉漉的白羽劈劈啪啪滴落殷商的水珠

是鳥中的一粒鑽石在飛
化石中的一聲鳴叫在飛

我相信稀世之鳥必誕生於稀世之地
在漢中，我需要一把怎樣的鑰匙
才能在天地之間
打開它遍地埋藏的無窮無盡的秘密？

2015 年 4 月 14 日　漢中歸來

康巴諾爾南天門

河北最北。如果你繼續朝前走
如果你有一匹好馬
策馬狂奔，一個時辰可以跑到元上都
兩天可以跑到烏蘭巴托

我是說從康巴諾爾南天門啟程

康巴諾爾是一片大草原
康巴諾爾南天門，不比泰山的那座高
也不比嘉陵江的那座低
亂石上刻著三個字
歪歪扭扭，出自路過的某個野客

具體地說，康巴諾頓爾南天門
是大地的一道屏障
春天從南邊跑到這裏收住了腳步
冬天從北邊跑到這裏勒住了韁繩

我看見的南天門，其實是兩座旗鼓相當
的石頭山，激情碰撞
長久地扭打在一起
誰也勝不了誰。這時潺潺湲湲走來一股細流
兩座山慌忙後退，俯首稱臣

山上散落著數得清的幾隻羊和幾棵草
一股股風模仿流水的聲音，穿堂而過

2016 年 5 月　康保歸來

正山灣

正山灣這個地方我過去沒來過
正山灣這個地方我來了
也許不會再來
此時大風浩蕩，我坐在它貧困的半坡上
努力想記住它什麼，比如它搖搖欲墜
被風吹圓的巨石。它斷崖下
昏睡的枯河，它稀稀拉拉的幾棵樹
幾個村莊；它瘦巴巴髒兮兮
漫漶而來的一群羊
我還想記住一個叫李志平的人
我猜想他已躺臥多年
現在是一坯被大風吹散的黃土

已是五月，春天被我們的車甩後一百里
撒向烏蘭巴托的雪，剛從它
乾涸的河套上，拔出兩隻雪白的腳
羊們卻等不及了

它們像水那樣漫上來，帶鋸齒的牙在去年的草棵間
尋尋覓覓，擺開一副再收割的架式
刀也等不及了，我聽見磨了又磨
那是城裏的餐桌等不及，被各式各樣的添加劑
矇騙過的胃等不及
正像眼前的李志平，寫在木板上的
李志平，他等來一堆土，卻等不及一塊碑

但大風浩蕩，大風容不下多餘的事物
它腰裏插著刀
冰冷地吹，永不知疲倦地吹
它要把巨石吹成沙礫，把山岡吹成平原

2016 年 5 月　康保歸來

看二人臺《掛紅燈》

應該是秋天，應該在康巴諾頓爾草原
天空和大地互為鏡子。白色的
芍藥花和銀蓮花，藍色的鴿子花和藍盆花
還有紅色的山丹丹和紅門蘭
黃色的金蓮花和野罌粟，黑色的
藜蘆花，都期期艾艾地開了
他們就在這花海裏，在倒映的星空中
狂奔，嬉鬧，相互挑動欲望的潮汐
要把一盞燈，一盞血紅的燈
掛到雲朵上去，掛到高邈的天上去

風吹草低，草原上有許多的牛羊
許多放牧的人，割草的人
而我看見一個草原的人，一片天空下的人
其實就是：一個男人，一個女人
只要有一滴雨，只要風像草籽那樣
把他們刮到哪里，他們就咬住

哪片土地，在馬蹄、牛蹄和羊蹄印裏
生根，發芽，把葉片漸漸打開
然後風吹楊柳，也吹著他們
楊柳般的腰肢。身體裏原來也柳暗花明
隱藏著天空和大地，雷霆和閃電
在天與地像蚌那樣張開的地方
有一隻來歷不明的鷹
在翱翔，俯衝，發出饑餓的嘯叫

他們載歌載舞，他們鳳求凰來凰求鳳
反復唱著柳葉青柳葉青柳葉青
意思是説：花開了
血液裏的某種東西就要溢出來了
他們掛紅燈，他托著她的腰
她踩著他的膝蓋
意思是説：看啊，看啊，太陽你看啊
青春的血像你一樣的豔麗
像你一樣的熱烈、洶湧，光芒燦爛

2016 年 5 月　康保歸來

有個美人盜用你的名字

多麼危險的事！那條叫百丈漈的水
把自己撐成一道白練
從高空扔下來
噢，我想我看懂了：這是模仿冒險者的遊戲
在玩蹦極呢 —— 你個
頑皮的在山裏長大的叫文成的少年

有時我又覺得是一個穿紅舞鞋的少女
在空中跳芭蕾，有著蜻蜓樣的
足尖，柳條樣的小蠻腰
從這片懸崖跳到那片懸崖，從這個臺階跳到那個臺階
她們就這樣發瘋般地
跳呀跳呀，準備一生都不停下來

好像在哪兒見過：桃子臉，月亮眉
是留住劉伯溫不讓他走的那個？
還是昨天陪著我們去嶺南看茶山的那個？
或者在早晨的白霧中

回眸一笑，像一朵花那樣打開
又像花一樣，在露珠裏隱隱閉合的那個？

少男少女的文成啊，青山嫵媚綠水
纏綿的文成，我想告訴你 ——
唐貞觀 14 年
有個美人盜用你的名字，嫁給了西藏

2016 年 2 月 22 日　文成歸來

神離我們那麼近

去文成，你不能不去看安福寺
去安福寺你不能不停下來看
那些牌匾，那些楹聯
而看到那些牌匾，那些楹聯
你會驚呼：我滴個神啊，你離我們那麼近
近得仿佛昨夜我們還在圍爐夜話
在今晨，都靜靜地隱向山林

安福寺是一座多麼年輕的寺
比我還年輕呢，比環護它的
菩提樹也年輕；走近它幽靜而深邃的殿堂
我看見煙火還未熏黑它的廊柱
神披著的袈裟，還閃爍著
礦石的光澤。我甚至聞到了牌匾
和楹聯上的字跡
仍飄著新研出的墨散發的芳香

我注意到了牌匾和楹聯的落款

它們讓我的心像鳥那樣
驚惶地拍打著翅膀
噗嚕嚕飛起來 —— 多麼熟悉的名字啊
彷彿把手伸進去就能握住他們的手
彷彿我摸一摸鏤刻的字跡
就能摸到他們撲嗵撲嗵的脈跳

我想你我的心裏肯定也住著一個神
同樣也背著十萬佛法和經卷
但這個神它是隱身的，來無影而去無蹤
有時是一句詩的神品，有時是一幅畫的
絕唱，有時它什麼也不是
僅僅是一次頓悟，一縷善存的思緒

可惜我愚笨，心裏的塵埃堆積得太深
至今還沒有把那尊神請出來

2016 年 2 月 21 日　文成歸來

在雁蕩山想到寫一封家書

請撫躬自問：我們有多少情懷已經失傳？
比如説紅葉題詩，比如説灞橋折柳
比如説山高水長，春天
騎一匹老馬，嘚兒嘚兒去遠方訪友
然而不遇，朋友也去訪友了
就騎著老馬原路返鄉，但到家時已是
落葉紛紛，月兒彎彎照九州
説是蜀道難，你以為楚道越道吳道
還有其他地方的什麼道
就不難嗎？一樣的峰迴路轉難於上青天！

這讓我唏噓不迭，感歎我們都是魚變的
卻失去了鰾，再也游不回流水裏
感歎被馴養的駝鳥，羽冠
盡失，你給它一雙翅膀，它也不飛了
誰想過我們有多長時間疏於
書寫？疏於用繡花針繡花？
一個個淪陷在機械的齒輪裏，數字的深淵裏

我懷疑哪一天你伸過手來和我相握
但這只手是用三 D 打印機
打印的，讓我握住的，僅僅是手的概念

如此說，我真要感謝雁蕩山的這個夜晚
感謝它的空靈和寂靜，感謝它
在我似睡非睡的時候，雁叫三聲
讓一隻大鳥收攏翅膀
落在我的窗臺；它說它還要往南飛
是否有信物捎給故人？而我說：
大雁，你知道我少小離家？
知道我生在比雁蕩山更南的南方？
忽然我淚流滿面，因為我想起我的父親
不在了，我的母親已風燭殘年
孤守著故鄉的幾間老屋
每次給她打電話，她都說，有好多年沒聽到
郵差的鈴聲了，有空給她寫封信
哪怕雞毛蒜皮，她就想看到我寫的字

就是這樣。在雁蕩山的這個夜晚
我半夜裏想到寫一封家書
上來就說親愛的母親，見字如面……

2013 年 11 月 25 日　雁蕩山歸來

果盒橋下的水

那水闃然告訴我，上面是一座橋
一座石橋。橋上有青苔
草棵，初秋信箋般飄零的落葉
那水還告訴我，橋是
半月形的拱橋，橋上的麻石被不倦的雨水
洗得斑斑駁駁，烏黑發亮
那些年懷素、王維、謝靈運曾在橋上
走過；沈括、陸游、朱熹
也曾留下他們的腳印
而當我到來時，橋還是那座橋
樹林也還是那片樹林
高高的合掌峰有幾粒木魚聲
落下來，像前朝落下的鳥語和朝露

我默默注視著橋下的水，那該是
一泓水，一抱水，一潭水
那麼清澈！我懷疑它們是假的

是水的意念，水的幻覺和空想
水在絕望中摟住的一個
叫水的詞，或者是石橋的一面鏡子
照著它春去春來，日出日落
再或者是岩石中的一顆水膽，恪守
億萬年前的秘密，我看見
我發現，只不過是它驚鴻一瞥

對不起，石橋被封了，請繞道行走
別以為它老了，怕被你踩塌
別以為你在橋上看風景，那風景在橋下看你
那是怕你在橋上走動
那水按捺不住，要跟著你動起來

2013 年 11 月　雁蕩山歸來

深夜在玄天湖邊靜坐

我做了什麼善事？它用那麼精美的一隻盤子
給我端出一湖星星

一顆，一顆，它們用雲朵擦過
又放在清水裏泡
像用一泓童貞浸泡一隻隻眼睛

啊，大地上的人在此刻都是幸福的
他們卸下重軛，以孕育的姿勢回到母親的子宮
或者抱著自認為可以
終生託付的人，在夢裏偷吃月亮

唯我把自己從睡眠中拔出來，想借它
龐大的靜，推開心中的亂石

一湖的星星，我只選擇我置身的那一顆
在接下來的日子
拂去浮塵，仔細辨認我蓬頭垢面的一生

2016 年 4 月 20 日　銅梁

在椏溪聽蛙鳴

這個夜晚我在夢的邊緣側身而行
有幾縷風從四十年前吹過來
伸手不見五指；一場五月的雪落地無聲
覆蓋了我四十年來的焦慮、恐慌、失落……
還有針尖大的那麼一點小小憂傷

我聽見它們在喊我，那麼急切
那麼痛心疾首的樣子
仿佛我這四十年如泥牛入海
它們就一直趴在水窪裏，雜草中
流螢打濕的翅膀上
這麼喊我，連嗓子都喊啞了
連兩個腮幫子都喊得鼓了起來

我想總得有五百隻，八百隻
比當年我們村子裏來來往往的人
還要多，就像滿天的繁星
這就讓我想到，那該是一個鄉的聲音

是一個縣的聲音
因為它們使用同一種方言

它們就這麼喊我，像喊魂，喊冤
喊一個埋在土裏的人
我說我不是坐在這裏嗎？
我不是答應你們了嗎？
我還說，我其實也很想你們啊
想村子裏的祠堂、古樟
木橋、水井，杉皮木屋
荒野上跳躍的藍幽幽的火光……

但它們不理我，它們在繼續喊
像要把天上的星星喊出來
把河裏的流水喊回來
而我止不住熱淚盈眶，像害怕弄丟了似的
把自己抱成一團；然後我說
回家，回家！現在我終於明白
什麼叫落葉歸根
什麼叫錯把他鄉當故鄉

它們就這樣喊啊，喊啊
喊了我一夜，直到把一個鄉村少年
從我的身體裏，喊了出來……

2012 年 5 月 28 日　高淳歸來

長江像個傳說

我在源頭看見過它。那時它青春年少
晶瑩剔透，在亂石間蹦蹦跳跳
攜帶著藍天、白雲；青草、細沙
在牧歌中悠遊地流，愉悅地流
那種天真爛漫的樣子
像一個傳說，像我們每個人經歷的童年
當它走過青海，走過雲南和四川
眼見著長出了喉結，嗓音渾厚
話語變得甕聲甕氣的
行走的姿勢，幾乎是在跳躍和飛翔
性格中也有了這個階段常有的
反叛意識，比如它會大聲喧嘩
會從刀劈斧砍的懸崖上
飛流直下，縱身跳進深淵
還會把腳下的路走成蛇形，仿佛有足夠的
時間和精力，供它一路慷慨揮霍
不過，這個過程是暫短的，瞬消即逝

就像古人描述的，白駒過隙
當它從青藏高原，雲貴高原
拾級而下，然後穿上朝廷的靴子
走過江漢平原，再走過我的故鄉江西九江
我故鄉鄰近的蕪湖和江陰
這時開始變得搏大起來，深沉起來
就像度過十年寒窗，一派學富五車的樣子
連那些大學者大詩人，看見它
都望洋興嘆，對它肅然起敬
我說的是孔子、屈原、崔顥、李白
還有寫過即從巴峽穿巫峽的杜甫
而在這些大學者大詩人中
我最欣賞最偏愛的，還是被皇帝罷免的
楊慎，他面對大江大徹大悟
說，滾滾長江東逝水
浪花淘盡英雄。還說是非成敗轉頭空
青山依舊在，幾度夕陽紅

2012 年 2 月 7 日　北京

朝廷的靴子

現在讓我們來看看那雙靴子吧
那雙朝廷的靴子，長江的靴子
當然啦，這只是個比喻
就像我們把女人比喻成鮮花或蝴蝶
把男人比喻成山岡或風暴
為什麼不呢？我是說當長江流到
湖北，流到江西和安徽
再流到江蘇，為什麼如此寬闊和雍容？
如此坦蕩和優雅，如同紳士？
不就穿上了一雙朝廷的靴子嗎？
我是說長江兩岸的官堤
就是長江穿著的兩隻皂底靴子
並且是按照天朝的法度製造的
皇帝這樣告誡堤防大臣：
奉天承運，爾等食朝廷的俸祿
應該把自家性命，像樹那樣栽種在大堤上
讓江水沿著兩岸的堤壩流，沿著

四個節氣開合的閘門流
如若大堤崩潰，江水氾濫
把我天朝的田地和生靈
淪為澤國和魚鱉，小心朕手起刀落
殺了你們這些命官

此類種種，我是在當地的史志上讀到的
我讀武漢，讀荊州，讀石首
讀洞庭和九江，蕪湖和江陰
泛黃的冊頁上血跡斑斑
砍頭如同風吹帽。呵呵，我要告訴你
堤防大臣可不是那麼好當的
用現在的話說，屬高危職業
有一把刀常年架在脖子上，讓你無法不
戰戰兢兢，如履薄冰
須謹記：那堤壩必須年年操持
年年維護和鞏固，時刻把住它的脈跳
而下撥的修河款就像貢品，是萬萬
不能動的，不得貪污和挪用
不得收受回扣和賄賂
更不能用來打麻將、逛青樓、泡小妞
給自己的兒子搞房地產開發
在汛期到來前，你得往百姓的家裏跑

往大堤上跑，動員每把鋤頭
每只筐，看每粒土是否粘緊和夯實
每塊石頭是否壘在了恰當的位置
甚至要跪下來，看壩底是否有
老鼠打洞，螻蟻做窩
沒什麼好說的，如果你輕視小小的一隻老鼠
一隻螻蟻，那你就將成為
老鼠和螻蟻，被天朝的腳踩死

不像那一年，長江的靴子破了
我看見洪水赤腳狂奔
卻沒有人摘下官帽，憂心痛哭

2012 年 2 月 7 日　北京

仿德沃夏克新大陸

對這片持續上升的陸地，我感到語詞黯淡
只能用德沃夏克的藍色暢想來讚美
你聽！大槌在敲擊它的鼓面，銅號嘹亮
和絃如晶亮的雨絲滋潤萬物
重金屬的節奏來自地心、大海和長空
也來自一個末代狀元的耿耿難眠
曾經拍打它的潮水，如今在更遠的地方激蕩
灘塗一再開闊，丹頂鶴和歸來的麋鹿
在它的蘆葦蕩和樹林裏飛翔與奔跑
就像一個夢就將從夢境中脫穎而出
我在它用紅膠泥鋪設的健身公園，騎過車
乘過船，在它建築優雅洋溢異國情調的
莎士比亞小鎮，學著企鵝的姿勢
來回漫過步，喝過它剛磨出來的炭燒咖啡
在用大風車和鬱金香模擬的村莊
看到一片向日葵，在秋日的陽光中兀自燦爛
如同到達高潮的某段旋律托出主題

而它雙向的通往新建碼頭的寬闊水泥大道

它栽種優良稻麥和花草的農業觀光園

它彙聚奇思妙想的工業創新園

還有可容納一個國度的孩子，潛入夢幻的

海底世界，讓我看到了它的雄心勃勃

或者說野心勃勃。我說，我看出來了

你們是把這一片正向大海蔓延

和擴張的灘塗，當成一座恢宏的海港來建造

就像一個父親用琴棋書畫養一個

大家閨秀；又像那個老牌的

號稱日不落的帝國，養朴茨茅斯，南安普頓

或者做過海盜的荷蘭人養阿姆斯特丹

此時一艘巨輪即將啟航，我站在它鋼鐵的

廊橋上，看夕陽西沉，聽海浪中

勢大力沉的打樁機，咚！咚！咚！咚！

正把它雄健的不可阻擋的

腳步聲，描繪得惟妙惟肖，栩栩如生……

2014 年 7 月　鹽城歸來

摩圍山上，銀子在響

在這個晚上，武陵山抱緊摩圍山
就像我們慈祥的母親
用柔軟的手臂，抱緊曾經
貧窮和孤單的苗族
和土家族。在這個晚上，風吹天籟
也吹著吊腳樓上紅得像節日的
燈籠，我聽見心跳般的鼓角在響
抽絲般的笙歌在響
還有他們身上穿戴的銀子在響

同一個海拔，同樣綠得快要沸騰的
山野，鳥兒收攏了翅膀
月亮懸在伸手就能夠到的地方
苗家和土家的兒女們在歌唱，在舞蹈
在表演他們種在山頂的植物
如何展開肥厚的葉片，學習天空的博大
如何收集日月精華和黎明前的

露珠，釀造生命的甘醇
柔骨如水啊！我看見他們一次次
跳起來，像魚躍龍門那般跳起來
一次次他們的手，眼看就要
摘到天上的月亮了，眼看就要融化在
漫天飄灑的月光裏了
在這個晚上，月光灑下白銀
我聽見丁丁當當，銀子在他們的身體裏
響，銀子在他們的血液裏響

在這個晚上，烏江是一匹停止奔騰的馬
被他們拴在山腳下
我看見它雪白的蹄子、雪白的鬃毛
也是用月光做的，用銀子做的
黎明到來的時侯，當它帶著它們的騎手繼續
啟程，我相信丁丁當當
在它的身體裏，也會發出銀子的聲音

　　　　　　　　　2014 年 9 月　重慶歸來

在喀什看黃豆豆跳秦俑舞

鼓聲咚咚，一粒黃豆從秦朝醒來
許多粒黃豆從秦朝醒來
掏去耳朵裏的泥土，他們聽出
這是出征的鼓，進擊的鼓
親吻大地擁抱山河的
鼓。敲鼓的人持續在激情四溢地敲啊
敲啊！把一個軍陣都敲醒了
把一顆顆心，敲得血脈
賁張，都快要從身體裏蹦出來了

是執戈的黃豆，荷戟的黃豆
頂盔冠甲，臉色像生鐵那般
青著，像出土的銅那般泛出星星點點的
綠 —— 這時所有的燈都打開了
所有懸在高處的燈
西部高原的燈，燦爛輝煌
如同打開一把鐵鎖塵封的秘密

這讓他們驚愕、狂喜、振奮
突然想起了什麼，進而紛紛去尋找
刀劍、馬匹、砍去的斷臂
然後應和著陣陣鼓點
踏歌起舞，像要去追趕一場風暴

那麼密集的鼓點，那麼壯懷激烈
我聽出是兵丁在敲，武士
在敲：匹夫在敲
國王在敲。或許還加入了大海的閃電
天空的雷鳴，加入了死去的人
在木頭和泥土裏的怒吼
有如響亮的箭，在血液裏飛翔

騎在駱駝上的人，趕著羊群的人
你知道，你知道
雪山、草原，烈日下的戈壁和沙漠
每一寸土地都是我們自己的

2013 年 9 月　喀什歸來

燃燒的刀

刀子是用什麼材料打造的？我不說
我只說刀刃，只說刀刃的鋒利
和薄。去過安徽宣城看怎麼造宣嗎？
就是這樣，它們能把陽光
一刀一刀裁下來，一刀一刀鋪開時間的柔
和時光的韌。但它又是兇狠的
暴烈的，常常助桀為虐
被陰森森，血跡斑斑地，呈上公堂

那又怎樣！他們就是要燒這些刀子
用一種我們看不見的
火焰，先把刀燒硬，再把刀燒軟
直到把刀燒至無形無色
無影無蹤，就像把毒下在水裏
——明火執仗地要殺人啊，但靜寂無聲
你怎麼聽得見藏在水裏的磨刀聲

那天我豪氣萬丈，一口氣喝下十八

杯，從喉嚨裏嗥嗥發出狼的

吼叫。他們驚奇地看著我，拍打著我的肩膀説

呵呵，你相當於喝下了十八把刀子

十八道菲薄的鋒刃

我想我完了，我這身臭皮囊

怎麼能作為鞘，把那麼多刀收入囊中

……現在你該知道了，那天晚上

在古夜郎國

我酩酊大醉，我漏洞百出

2015 年 11 月 6 日　茅臺歸來

與一面碑對視

《宋史》載："詔飛還守通、泰，有守可守即守，如不可，但於沙洲保護百姓，伺機掩擊。（嶽）飛以泰無險可恃，退保柴墟，戰于南霸橋，金大敗。渡百姓以沙上，飛以精騎二百殿，金兵不敢近。"

雅靜、寬綽、素淡，風吹來像風那般飄逸

之外是棉綢的柔，荻花的輕

再之外，盔甲是朝廷的，兵馬也是朝廷的

他身無長物，就喜歡在一燈如豆中

冥思，苦想，夜讀兵書

這是三月，乍暖還寒，我從裹緊羽絨的

北方來，從京城的營帳來，忍不住

挺胸、收腹、抬頭，五指併攏舉上帽檐

向他致軍禮；忍不住伸進冰冷的

石碑，摸他那襲白袍的厚薄

將軍就這樣被我驚醒了 —— 我想是被我驚醒了

依稀聽見大殿外有腳步聲、低喚聲

和悲泣聲。百姓苦啊！他忽然歎道 ——

戰爭像秋風，昨日刮過來，今日

刮過去，生靈塗炭，百姓終是江心洲上的
一棵草，揚子江上的一朵泡沫
他們跟定官軍，跟定他們篤信的子弟兵
十裏相送，百里追隨，生生
複死死，猶如池中魚水，趕也趕不散
猶如骨頭打斷了，還連著筋
其時風蕭蕭，水泠泠，古廟寂靜，我大驚
將軍又道留下吧！百姓都留下，留在
這周公謹蓄過草,牧過馬的地方
此地好啊，此地關關雎鳩,在河之洲
多麼適合掘井、壘土、躬耕、漁獵
像升起紙鳶那般升起炊煙
說著又要脫那襲白袍，脫浸泡他體味和汗漬的
另一層皮膚。我說將軍且慢，且慢
現在是公元二〇一五年
前朝水災、旱災，兵災，落花流水
早成為八百七十四年前的
陳年舊事。而生祠村，也不再叫生祠村了
叫生祠鎮 —— 喧騰、繁華、富庶
人丁興旺，滿大街河流的子孫
春風撲面，正騎上突突突突冒煙的摩托車
去政府上班，去工廠和公司打卡
將軍笑了，這時話鋒一轉，饒有興趣地

問：詩家從京城來？從營賑來？

可知軍中打虎？

繼而在你來我往的辭彙中，頻頻出現 ——

虎將、虎旅、虎賁；虎狼、虎門

虎穴；虎爺、虎妻、虎子

虎視眈眈、貪腐猛於虎、養虎自遺患

虎在軟地易失足，初生之犢不懼虎

接著是敲山震虎、打虎上山、虎口拔牙

再接著，便說到那只打進囚牢

剛剛暴病而死的斑爛

大虎。"吠！何為家國？何為河清海晏？

文官不愛財，武官不惜命也！"

至此，將軍撫掌大笑，聲震屋瓦

但漸漸，漸漸，他說累了，困了，容他

打個盹。咕噥中，但見他

席捲白袍，像一陣風，飄然隱進碑石

2015 年 6 月 19 日 北京

樓蘭望月

在樓蘭，我一腳踢進岩石
飄起的煙塵說
看見了嗎？這叫海枯石爛

月光在頭頂嘩嘩流淌
這是我聽得見的
躺在它的懷抱
我知道在這條河流的上游是明清
再上游是唐宋，也就隔著
三兩個村莊
項羽正撅著屁股在洗馬
天亮後就要過江東

八百年或兩千年算什麼呢
一本書往回翻幾頁
你就能看見我們正圍著一堆火
在茹毛飲血

但你千萬要醒著，思想著
千萬別一覺睡過去
在樓蘭，月光從漂白一粒沙子開始
接著便漂白你的骨頭

　　　　　　　　　2011 年 12 月 18 日　北京平安裏

在遂昌懷念湯顯祖

縣令姓湯，大水湯湯的湯，揚湯止沸的湯
而他生命裏只帶來三點水：一點敬天
一點敬地，一點洗亮鴻蒙的眼睛
白日用來辦案，夜晚邀集遍地鬼魂，有仇的
報仇，有冤的伸冤
錯失姻緣的，在戲臺上，還他們一世的不了情

2016 年 4 月 8 日　遂昌

岩石裏藏著聖旨

我終於認識隱藏在浮華背後的
驕縱與蠻野了
還有水深火熱、暗無天日
而它如此孤傲，用一座山做自己的宮殿
那麼，藏在岩石裏的聖旨
你用什麼取出來？

就沿大山鑿開的縫隙去探個究竟
但腳底潮濕，空氣
越來越稀薄
我也越來越驚慌：滿耳都是丁丁當當的鐵錘聲
滿耳都是陰森森涼嗖嗖的
鬼哭狼嚎啊
那煙薰火燎的地方
岩石在垂淚，一個個躬身前行的背影
拖著腥紅的鏽跡斑斑的鐵鏈
像拖著一座山，一個轉瞬即逝的朝代

這時，你隱隱綽綽看見的一顆顆人頭
其實是一把把斧頭
劈下去，血光四濺

轟轟隆隆，皇帝的馬車馳過來了
那鑲金包銀的
車輦，碾碎一地的時光和骨頭

　　　　　　　　2016 年 4 月 12 日　遂昌歸來

在秋風樓讀秋風辭

我說，快脫去那件飄搖的長袍吧
現在我要讓你一步越過大河
回到這座臨水的木樓上
站兩千年，想兩千年
看眼前的秋風怎樣磨亮它的刀子

黃河依舊洶湧；依舊銜一輪高天的白日
在蕭鼓中流，在棹歌中流
河那邊的蘭啊，河這邊的菊啊
你們纖纖的身子細細的腰
此刻又在草木中枯黃，在白霜中凋落

而那些美人也總那樣如鯁在喉
總那樣比蘆葦還茂盛，比桃花還燦爛
但說盡纏綿，她們那十粒
比蘆根還白的小腳趾，卻蹀蹀躞躞
經得起秋風的幾次砍伐？

啊！在這樣一個夜晚，誰還在西望長安？
誰還在馬踏飛燕？誰又繼續在
一壺濁酒裏，醉生夢死？
誰還在馬踏飛燕？誰又繼續在
而你說：人啊，人啊
你站起來是一片江山，躺下去是一堆黃土
惟有青草愛你愛得最瘋狂……

2004 年 7 月 5 日　山西歸來

去年在耶路撒冷

神秘的光從聖殿山上反射過來
如同地中海藍成天堂的海水
越過堤壩，淹沒了時間、空間和各自的膚色
坐在聖墓教堂門前傾斜臺階上的
一群詩人：我們從中國來
從巴勒斯坦來，從約旦和黎巴嫩來
從波蘭、羅馬尼亞和保加利亞來
也有從正在打仗，到處是
一片廢墟的敘利亞來。語言如此疲憊和荒涼
我們改用手勢交流，小心地繞過
民族的柵欄，和在洶湧的人群中戒備
森嚴，一個個手持衝鋒槍
目光如鷹隼的以色列矮個子士兵

多麼簡約的一群人，在語詞中飛翔
我們孤獨、清冷，羽冠凌亂
手無縛雞之力

但思想雪白，心靈純潔無瑕
眼睛裏長滿蒲草、桑葉和蓮花
感謝真主，感謝海法大學憂心千年的
賽義姆教授，他用詩歌
把我們抱緊，把密不可分卻恩怨未了的
猶太人和阿拉伯人
抱緊。所幸沒有人懷疑我們身懷匕首
和炸彈，這讓我們感到
欣慰，仿佛得到了神的赦免

那時，我正與長滿絡腮胡的哈耶克聊天
他來自伊士坦布爾，憤世嫉俗
長著典型的一個奧斯曼人的
鷹勾鼻子，對詩人的勞作獨有心得
他告訴我，所謂的土耳其人，其實是中國的
新疆人，加上傳統的歐洲人
除以二。然後，我們談起了邊界、隔離牆、戈蘭高地
一片上萬年前乾涸的沙漠、一座
被戰爭的利刃一劈兩半的
聖城。中東啊中東，他說，盛產石油也盛產
仇恨，"刀紮進肉裏刀也是疼的。"

就是這樣。去年在耶路撒冷，我承認

我只是過客；我承認我剝開的
僅僅是一頭洋蔥的
外衣，怎麼也看不見它的內臟
但我記住了深陷在灼燙炮火中的那位
敘利亞兄弟，記住了他眼裏的恐懼
和憂傷。我知道他不叫遜尼、什葉、阿拉維
也不叫德魯茲，而是叫大馬士革
叫黎巴嫩，叫沙漠中苦難的阿拉伯

2012 年 10 月 15 日　北京

山頂上的燈光

汽車拿出最後的吼聲在狠狠地爬坡
山頂上燈火爛漫
幾扇暗著的窗戶裏有一隻只手探出來
摘天上亮得最低的星星

身後的黑和寂靜應聲落地，如同
曲終人散，大幕在瞬間關閉
我們剛經過的平原和平原上大面積種植的
莊稼、果樹，和按照某種意志
朝向天空噴灑的雨霧
忽然都藏在那片寂靜的黑裏
人和房屋，就像狼群那樣被趕走了

仿佛土地裏住著神，住著他們飽受驚擾的
祖先，只供萬物生長
仿佛唯有堆滿石頭的山頂，才適合
棲居，適合繁衍；仿佛世外的一群植物

他們在岩縫裏紮根，喝天上的露水

也不懼戰爭！不懼踩著刀叢繁衍生息
為了這片土地，他們戰鬥
他們枕戈待旦
不惜把身體裏的血灑得一滴不剩

　　　　　　　2012 年 11 月 17 日　北京南沙灘

爲一面牆而作

沒有哪座城市比這座城市的人
哭得更多了
在天堂和地獄之間，他們曾
四處飄散，把脖子伸出去任人用自己的
椎骨和血，磨刀
如同引頸就戮的一片森林

回歸的路那麼漫長，而那道門
卻那麼矮，那麼窄
只允許一聲歎息通過，一個夢魘通過
牆上的一條條縫，早被失散後
長滿青苔，而後再一一尋找回來的
名字和祈禱，塞滿了
有如墳墓上細細碎碎開出的白花

噓！別走近他們，別打擾他們
讓他們哭，讓他們哭！
讓他們從此長出石頭的心臟

　　　　　　2013 年 1 月 5 日　北京南沙灘

阿米亥，阿米亥

前英軍猶太人支隊的士兵，後希伯來文
和聖經的衛道士，1942 年你趴在
阿爾卑斯山下的哪座街壘
向納粹射擊？當"他們用鋼鐵製造出更多的炮彈
用我的叔父製造出新的叔父"⋯⋯

總是如此。你至今還記得浸泡在積滿雨水
的戰壕裏，那些呈各種姿勢倒臥的
孩子，屍體已腐爛，發出一陣陣惡臭
但他們血統高貴，種群森嚴
藍色的眼睛深不可測
一頭漂亮的金髮，是用源遠流長的傲慢浸染出來的
而搭在板機上的手指，至死未鬆開

辨認因此變得更加艱難，更加迷離
比方說，在廣場上洶湧而至的人群中
在皇家劇院輝煌的包廂裏

你能看清誰是心懷鬼胎的
那個？誰是把身體掏空用來裝填 TNT 的那個？
或許它還會借屍還魂，在某一天鬼鬼
祟祟，就像吐著毒信子的蛇
從我們自身的欲望中，探出頭來

那麼它是誰？長著怎樣的一副身子？
怎樣的一顆腦袋？
因為找不出答案，所以你每天都在反躬自問
每天都要騰空身體，對世界說：
來啊，來啊，"和平，進入我的心！"

2013 年 2 月 19 日　北京南沙灘

加利利湖，在低處

我不敢再往前走了，再往前走
是沙漠的低處，海水的低處
宗教和哲學的低處
再往前走，我就將走進一隻巨大的眼睛裏
走進一滴曾經滾燙，而後漸漸冷卻
漸漸透明和澄澈的，淚水裏

神高高在上那是以後的事情
且疑竇叢生。我只知道他曾經在這裏
收徒、講經、迦百衣
用五餅二魚來者不拒地餵養信徒
整夜整夜地咳嗽和失眠
像駝背的漁夫反復被風濕困擾
當他坐下來佈道，就像我們同樣偉大的先知
在杏壇講學 ——
"吾日三省吾身，為人謀而不忠乎？
與朋友交而不信乎？

傳而不習乎？"
那種愉悅和迷醉的種子，如同看盡千帆
但四周是火焰，明天他就要帶領
八千弟子
出埃及
渡重洋
翻越萬水千山

那麼，讓暴風雨來得更猛烈一些吧
讓羔羊的血
噴薄而出，濺紅他那襲白袍……

看啊，順著臺階那麼多的人下到水裏去了
換上他穿過的那種稀薄、寬大
如雪飄飄的白袍子
清澈的水讓他們原形畢露，馬上也
變得清澈起來，聖潔起來
我看見他們中有男的、女的；高的，矮的
美的、醜的；體態肥胖臃腫的
瘦成一根竹竿的，抑或羅患頑疾
被割去一對美麗乳房
在胸脯上，留下兩道可怕傷疤的
來自世界上我所不知道的角角落落

我忽然想，在他們中間，會不會有罪孽深重的
死不悔改的？會不會有賭徒
色徒、酒徒、不法之徒、亡命之徒？
但他們現在一律都赤裸著，一律都泡在
清澈的湖水裏，一副痛改前非的
樣子。他們在清洗自己
在反省和悔過，虔誠地請求神的
憐惜和撫愛；寬恕和赦免

而我在猶豫和彷徨，我再也不敢往前走了
我感到我隱約看見了我的靈魂
我靈魂中的畏葸和卑瑣
我內心盤踞的黑暗。我自知
站在神的面前，我可恥而羞於示人

2013 年 2 月 25 日　北京南沙灘

在聖父教堂遇見李戎

神是莊嚴的。在神的腳下你要做謙謙君子
心在啟程前必須清掃一遍
眼睛不能東張西望
看見美女，切莫妄生臆想和邪念
如此，神就會獎賞你，給你一個驚喜
就像我去年在耶路撒冷
在聖父教堂門前
當我正要轉身離去，突然遇見了李戎

李戎是與我在北京同住一座大院的女子
美院畢業。單身。年輕時風情萬種
不怎麼年輕了剩下的風情
也還有九千九百九十九種。但她守住一片初心
不羨有錢人，不把身體抵押給權貴
而是以筆下的山水
自食其力，攢夠一趟路費便去
旅遊，去世界各地的名山聖地浪跡天涯

不可思議的是，三天前我們還在一個餐館裏
喝過酒，在她那間小屋子裏聊過天
當時都沒有說到以色列
可三天后，在耶路撒冷，在聖父教堂
我們不期而遇！這就像太平洋上的一朵泡沫
與大西洋上的一朵泡沫
我們在大海上隨波逐流，漂啊
漂啊，終於在澄澈的地中海匯成一團

我在想，當她從特拉維夫上路，當我從
加利利出發，是什麼力量讓我們
朝著同一個目標前進？
是什麼力量讓她坐著的那輛旅遊大巴的司機
在該快時踩了一腳油門，在該慢時
點了一下剎車？是什麼力量
讓我在穿過阿拉伯步行街時，用了
三分鐘問路，又用了五分鐘
在一家賣瓷器的商鋪裏，磨磨複蹭蹭？

盲目的概率，遠勝於數學大師的精密
計算 —— 是神在穿針引線？
而在耶路撒冷聖父教堂遇見李戎

這使我想到哈裏‧馬丁松在中國不明朝代的一棵松樹下
遇見漫遊湖南的李侃
他說：“讓智慧休息吧；讓折射的記憶
活在琵琶中。”

　　　　　　　2013 年 3 月 6 日　北京平安裏

在國王廣場回望伊紮克・拉賓

我必須讓三顆子彈緩慢飛行以完成我的敘述
雖然那輛防彈車的車門已打開
雖然他與他的坐駕
他與站在過街天橋下的年輕刺客伊哈爾・阿米爾
呈三角形，都只剩下一點五米的距離

"讓太陽升起！"我看見他踏著祈禱的歌聲
向我這邊走來。整個特拉維夫
甚至，整個以色列
整個世界，都在這歌聲裏和人們秉持的燭光中
起伏與蕩漾；崇敬的目光像藤蔓般地
攀上了他的鼻樑，他的顱頂
這讓他沉醉，果真有一種君臨天下的感覺
當然，他也有一些困倦
和疲憊，仿佛內臟被掏空了，沉沉
挪動的兩條腿
步履維艱，深陷在山呼海嘯之中

但是，他知道，這是胸膛敞開之後的困倦和疲憊
是剛跑完一個馬拉松，緊接著又接受
加冕和讚美的
困倦和疲憊
—— 勝利的愉悅油然而生 ——
他親密的盟友佩雷斯甚至覺得言猶未盡
好像還缺少了點什麼
但是，缺少了點什麼呢？他在苦苦思索
一個插曲？一些可供未來
活色生香的細節？
因此，佩雷斯對他說 ——
"伊紮克，在這個大會上，你不是說
有人行刺嗎？那麼刺客呢？
我真想像不出在這樣的人群中
這樣的歌聲和燭光中，誰會向你開槍……"

正是這樣。他從容、自信、笑容可掬
在簇擁人群緩緩分開的小道上
漫步而行。這個七十五歲的叫拉賓的老人
在這個狂熱的夜晚，無疑於
亞伯拉罕再世
甚至，就像應證一個預言，他一再說到了苦難
這個詞，和平這個詞

這是他在爆炸的火光中，在仇殺的血泊裏
反復擦洗過的兩件武器。今天
他再次把它們搬出來
把這兩個詞、兩件武器搬出來
融進他的演說。他青筋爆起，激情飛揚
額頭上沁滿細密的汗水，就像
競選中的巴勃羅・聶魯達
在他的祖國智利，在萬人空巷的聖地牙哥
大聲地朗誦詩歌 ——
"戰爭和恐怖使我們傷痕累累，
幾萬名示威者的喊叫，遠不如戰死者母親的
一滴淚，給我帶來震撼……"

"讓太陽升起！讓清晨充滿光明！
最聖潔的祈禱也無法使他們複生。
生命之火被熄滅的人，血肉之軀被埋入黃土的人
悲痛的淚水無法將他們喚醒。"

將軍。農藝師。諾貝爾和平獎獲得者
在加尼福利亞純淨的天空下
鑽研過噴灌。之後，在戈蘭高地，在西奈半島
迎著血風腥雨，他把手一次次揮起來
堅定而冷酷地揮起來

公認的結論是：他這只手是鐵做的
是榴彈和履帶的加長部分，是雨季到來時
無數墳堆上瘋狂生長的青草
但是，他現在老了，他現在兒孫繞膝
他現在成了這個彈丸小國的總理、衣食父母
倖存者母親們的厚望；成了孩子們昂起頭
踮起腳跟，用露珠和奶油的聲音
一聲聲喊他爺爺的人
因此。你要相信他的心裂開了，柔軟了
真心想洗乾淨這只手，真心想
治理在沙漠中肆虐他這個國家的乾旱
真心想帶領曾跟隨他衝鋒陷陣的那支
虎狼之師，那些勇敢的
乳臭未乾的小夥子，“把刀劍打造成犁鏵”
真心想回歸他鍾情的田野，去種植
小麥、大豆、玉米、胡椒
種植讓他的人民驕傲、用兩根手指輕輕
一捏，就能滴出油來的橄欖
或者，打開砂粒中的泉眼，讓它們噴灑、噴灑……
給那片狹窄的滿是戰爭灰燼的天空
痛快淋漓地下一場雨

“讓太陽升起！讓清晨充滿光明！

無論什麼人，無論是勝利的歡樂
還是光榮的讚歌，都不能使他們從黑暗的深淵中
回到世上，與我們重逢。"

然而，就在這時，槍聲響了！槍聲響了
在我現在站立的過街天橋下
在他離他的防彈車
離隱身的伊哈爾·阿米爾，只有一點五米距離的位置上
槍聲響了。那個刺客，那個還在讀
大三的年輕人，早等候在這裏守株待兔
他沉著，冷靜，從容不迫
清晰地數著他走近的步子，又數著槍膛裏的
子彈，一下一下摳動板機
嗖！嗖！嗖！三顆飛出槍膛的子彈
就像三隻蝙蝠，三隻振翅飛翔的黑蝙蝠
起飛即降落，並準確找到了
棲身的洞穴。又像三艘穿越風暴的帆船
拖著三張被風暴撕爛的帆
歷盡劫波，終於抵達它們期望的港口

所有的人都張大了嘴巴，但發不出聲音
所有的人，包括他身邊的保安
包括佩雷斯，也包括他

自己，都感到這不過是一個夢，一個他們曾經
反復做過，又反復被證明是夢的夢
而當他下意識地抱緊正在急劇下墜的圓滾滾的肚子
當他的血像他迷戀的噴灌那樣
噴出來，再噴出來
就連站在對面的刺客伊哈爾·阿米爾
也驚呆了，他說：“不，沒事的，你別嚇唬我啊
你不會死，這不是真子彈……”

他驚愕地看著站在過街天橋下的那個人
驚愕地看著向他射擊的伊哈爾·阿米爾
聽見他在喃喃自語
他想問身邊的佩雷斯：他在說什麼？
但他已經說不出話來。他感到他正在一片沼澤地裏
下沉，下沉；而佩雷斯正在上升，上升
他感到他想拔但卻拔不出來的
兩條腿，在顫抖，在搖晃，在融化
猶如陽光照射下的一堆雪
他感到胸膛裏翻江倒海，好像跑進去一個頑童
在那兒攀爬、撕扯、蹦跳、踩踏
把他可憐的肺，可憐的肝
可憐的脾，他親愛的五臟六腑
掀翻在地，如同風暴和冰雹打落一片花朵

他甚至看清了那個人，那個
叫伊哈爾‧阿米爾的殺手
臉上的輪廓，他年輕又漂亮，但在他眼睛裏漂浮的
那種驚悸和恐慌，那種地中海獨有的
藍，是這樣的熟悉，這樣的
令人垂憐。他甚至想往前走幾步，再走幾步
把他摟在懷裏，親切地叫他一聲兒子

啊！啊！在這悲傷的時刻
哀慟的時刻，他甚至感到死亡是一種解脫
一種榮耀，一種他本該得到的
功德圓滿的獎賞。他在心裏說：好小子
你真夠大膽也真夠兇狠啊
像我一樣不做不休，老謀深算
在三顆子彈中，加入了一顆達姆彈……

"所以，請唱一首和平之歌吧，
不要小聲地祈求神靈！"

2013 年 5 月 1-5 日　北京